인과관계

형법 구성요건의 한 요소

칼 엥기쉬 지음

윤재왕 · 임철희 옮김

세창출판사

1930/31년 겨울학기 우리들의 토론을 기억하며
볼프강 미터마이어와
한스 폰 헨티히에게 헌정한다

형법의 원인 개념과 철학의 원인 개념 사이의 관계를 중심으로 삼고 있는 이 글은 원래 형법철학적 문제들을 다루기 위해 기획된 철학 논문집에 게재할 예정이었다. 하지만 이 논문집은 출간되지 못했다. 이러한 원래 계획에 따라 이 글은 특별한 법학적 전문지식이나 형법의 원인 문제에 대한 이해를 전제하지 않아도 이해할 수 있도록 작성되어 있다. 그럼에도 불구하고 이 글을 통해 몇 가지 새로운 관점을 제시함으로써 인과관계 문제 자체를 해명하는 데 기여할 수 있기를 희망한다. 그리하여 철학자들이 형법의 인과관계 문제에 관한 논의에 새롭게 참여하는 계기가 마련될 수만 있다면 법률가들에게도 유익한 일이 될 것이다. 왜냐하면 법률가들도 인과관계의 문제에 대한 철학자들의 관심에 커다란 관심을 갖고 있기 때문이다. 특히 오랫동안 몹시 비생산적이고 위험스럽기까지 한 조건공식(conditio sine qua non)에 매몰되었던 법률가들이 조건 개념을 제대로 파악하고자 한다면 전문 철학자들의 도움을 받지 않을 수 없다. 물론 이 점과 관련된 나의 견해를 더 자세히 밝히고 보완할 필요가 있다는 것은 자명하다.

초고를 마무리한 이후에야 에드문드 메츠거(Edmund Mezger)의 형법 교과서가 출간되었다. 그 때문에 메츠거의 상세한 인과관계 이론에 대해서는 각주에서 짧게 나의 입장을 밝힐 수밖에 없었다. 다른 많은 징후들과 마찬가지로 메츠거의 섬세한 연구를 보더라도 형법에서 원인 문제가 다시 주목을 받게 될 것임을 예감할 수 있다. 모어(Mohr) 출판사는 내게 이 책을 「신 형법학 총서」의 제1권으로 발간되는 영예를 안겨 주었다. 내가 인과관계의 문제에 대한 관심을 새롭게 환기시켰다는 사실이 이 총서에 채택된 계기였기를 희망한다.

1931년 8월 10일
기센(Gießen)에서
지은이

차 례

서론: 형사책임의 전제조건으로서의 인과관계

근대 형법학과 형사정책의 가장 근본적인 확신들 가운데 하나는 형법이 어떤 형이상학적인 사명을 달성해야 할 필요가 없다는 것이다. 즉 형법은 심정을 정화한다는 의미에서 도덕성을 고양시키는 데 기여하는 것이 아니라, 국가가 보호할 가치가 있고 보호할 필요가 있다고 여기는 공공의 이익과 개인의 이익을 형법 나름의 방식을 통해 ─ 이익을 공격하는 범행을 비난한다는 의미를 갖는 해악을 부과함으로써[1] ─ 침해와 위태화를 받지 않도록 보장하는 목적을 갖는다고 확신한다. 하지만 과연 어디에서 이러한 이익을 보호하기 위한 특수한 대응방식이 시작되어야 하는지는 여전히 매우 다양한 대답들이 가능한 물음에 속한다. 극단적인 견해에 따르면 (귀속능력

---

1   이에 관해서는 Liszt-Schmidt, Lehrbuch des deutschen Strafrechts, 1927, 349면 참고. 형법은 법익보호를 목적으로 하는 특수한 형태의 보호법 (Schutzrecht)이고, 따라서 오로지 보안만을 목적으로 하는 법과는 구별해야 한다. 이에 관해서는 뒤의 각주 2도 참고.

을 갖고 있는) 개인[2]의 행동에 비추어 볼 때, 이 개인이 국가에 의해 보호되는 이익을 존중하려는 **경향을 보이지 않는다**는 것을 명확히 알 수 있는 모든 경우에 곧바로 국가는 형벌을 부과해야 한다고 한다. 이러한 견해에 따른다면 형벌의 단초는 해악의 뿌리인 '범죄의지'이다. 그리고 이 해악의 근원에 초점을 맞추어야 하기 때문에, 범죄의지가 실제로 이익의 침해 또는 위태화로 이행했는지 여부는 중요하지 않게 보일 수밖에 없다. 제국법원은 문제를 이런 식으로 고찰하려고 시도했다. 즉 제국법원은 절대적 불능미수(예를 들어 독성이 있다고 생각했지만 사실은 해롭지 않은 버섯으로 만든 요리로 살해하려고 시도하는 행위)를 처벌하는 것이 형법에 부합한다고 보았다. 그러나 과연 이 판결이 얼마동안이나 유지될 수 있을 것인지에 관계없이, 불능미수의 처벌이 현행법의 틀[3] 속에서 이례적인 것이라는 점만은 분명하다. 왜냐하면 1871년 제국형법전은 – 이런 태도가 적절한 것인지 여부에 관해서는 여기서 자세히 다룰 수 없다[4] – 앞에서 언급한 제국법원의 견해와는 반대되는 원칙, 즉 형벌을 부과함으로써 이익을 보호하는 것은 행위자가 현재의 이익침해 또는 이익위태화의 상태를 만들었다는 것과 결합되어야 한다는 원칙을 명백한 기초로 삼고 있기 때문이다. 그리고 이 원칙에 따르면 단순히 이익의 위

2　귀속능력이 없는 사람은 형벌부과의 대상이 될 수 없다. 왜냐하면 그를 비난할 수 없고, 따라서 비난을 담고 있는 형벌을 부과해서는 안 되기 때문이다. 귀속능력이 없는 자는 순수한 보안의 대상일 뿐이다.

3　이 글에서는 현행법에 기초해 논의하는 것이 좋을 것이다. 왜냐하면 형법 개정의 가능성이 불확실할 뿐만 아니라, 아마 장래에도 일정한 역할을 할 문제들은 현행법에서 더욱 분명히 확인될 수 있을 것이기 때문이다.

4　법정책적인 문제에 관해서는 최근의 문헌인 Kadečka, Verkappte Zufallshaftung, Monatsschrift für Kriminalpsychologie und Strafrechtsreform 22(1931), 65면 이하 참고.

태화에 그치는 행위에 대해 책임을 묻는 것(Verantwortlichmachung)은 예외에 해당하고, 또한 원칙적으로 이익의 침해보다 더 가볍게 책임을 물어야 한다.

이익침해 그리고 이익위태화의 실질적 표현은 주로 (공간적 또는 다른 사람의 심리적 상태인) 외부세계에 변화를 불러일으키는 작용(야기)이다. 따라서 법률이 ― 앞에서 지적했듯이 ― 책임을 묻기 위해서는 원칙적으로 행위자가 초래한 이익침해 또는 이익위태화의 존재를 전제해야 하는 경우에는 행위자의 탓으로 돌릴 수 있는, 외부세계에서의 야기의 존재 여부를 가벌성의 전제로 삼아야 한다. 제국형법전도 이러한 형태로 규정하고 있다. 즉 제국형법전의 구성요건들[5]은 직접 '야기'라는 문언을 담고 있는 경우가 자주 있다. 예를 들어 제222조("과실로 사람의 사망을 야기한 자는 … 징역에 처한다"), 제226조(상해로 사망을 야기한 행위), 제323조(선박을 침몰시켜 생명에 위험을 야기한 행위)가 여기에 해당한다. 또한 법률이 가벌적 행태를 '결과의 초래' 또는 간단히 '재물손괴', '살해', '감금' 등으로 비교적 덜 분명하게 규정한 경우에도, '작용'의 의미를 담고 있다는 점에 의문이 있을 수 없다. 교사와 방조의 구성요건들도 마찬가지이다. 전자의 경우에 범죄 실행의 '결정', 후자의 경우에 범죄 실행을 위한 '조력제공'이라는 문언은 원인-결과 관계를 포함한다. 심지어

5　여기서 구성요건 개념은 제국형법전 제59조가 암시하는 특수한 기술적 의미가 아니라, 단순히 가벌적 행위를 구성하는 '객관적' 요소들의 총체, 즉 좁은 의미의 객관적 구성요건요소(제59조) 및 가벌적 행태의 성격을 규정하는 한에서 이른바 객관적 처벌조건을 의미하는 것으로 사용한다. 이에 관해서는 뒤의 91면 이하도 참고. 구성요건은 공범 구성요건과 미수 구성요건도 포함한다. 문제되는 개별 구성요건이 포괄하는 '객관적 요소들'은 순수한 주관적 책임요소와 대립된다. 전자는 후자와 달리 통상 행위자의 심리 외부에 존재한다.

'결과범(Erfolgsdelikt)'과 달리 이미 일정한 형태의 신체적 행태만으로도 기수에 이르는 이른바 '거동범(Tätigkeitsdelikt)'의 경우(예를 들어 제국형법전 제368조 제9호의 정원 가로질러 가기, 군형법전 제85조의 교전 중의 도주)에도 통상의 사례에서는 외부세계와의 인과적 관계를 찾아볼 수 있다(물론 이러한 인과적 관계의 존재에 의문이 없어야 한다). 왜냐하면 거동범이 실현되는 외형적 행태는 대부분 대상과 관계가 없다는 측면에서 형법적으로 의미를 갖는 것이 아니라, 이 행태가 형법 구성요건을 충족하기 위해서는 어떤 형태로든 외부세계에서 영향을 미쳐야만 하기 때문이다(예를 들어 정원을 가로지르는 것은 다른 사람의 부동산에 들어서는 것을 의미하고, 도주하는 것은 일정한 공간을 벗어나는 데 영향을 미치는 것을 의미한다).[6] 이와 마찬가지로 '객관설'

---

6 따라서 내 생각으로는 지금까지 많은 논의가 이루어진 거동범과 결과범의 구별은 오로지 다음과 같은 의미에서만 가능하다고 보인다. 즉 결과범은 거동범과는 반대로 형법적으로 중요한 작용이 이를 발생시키는 신체적 행태와는 공간적으로 뚜렷이 분리되는 사례만을 지칭한다. 이에 관해서는 Liszt-Schmidt, 앞의 책(각주 1), § 28, 각주 6 참고. 이때 거동범인지 아니면 결과범인지의 확인은 범죄구성요건에 비추어 추상적으로만 이루어져서는 안 되고, 개별 사례에 비추어 구체적으로 이루어져야 한다는 점에 주의해야 한다. 따라서 상해는 거동범일 수도 있고(예컨대 얼굴을 주먹으로 가격하는 경우. 이는 구조적으로 볼 때 정원을 가로질러 가는 것과 다르지 않다) 결과범일 수도 있다(예컨대 아주 먼 거리에서 총을 쏴서 사람을 다치게 한 경우).
이 기회에 앞으로 계속 사용하게 될 '행태' 개념에 관해 미리 설명을 해 두는 것이 좋을 듯하다. 아주 좁은 의미에서 행태는 결과와 대립되고, 조금 넓은 의미에서는 결과도 함께 포함하며(예컨대 상해나 살해와 같은 행태), 더욱 넓은 의미에서는 환경적 조건, 특히 '범행에 수반되는 사정들'까지도 포함한다. 예컨대 존속살해라는 행태는 행위자와 직계존속 관계에 있는 사람을 살해하는 것으로서 범행에 수반되는 사정까지 포함하는 행태에 해당한다. 이하의 논의에서 그때그때 어떤 행태 개념을 사용하는지는 별다른 어려움 없이 알 수 있을 것이다. 대개는 가장 좁은 의미의 행태

을 따를 때에만 가벌성이 있는 위험한 미수의 경우에도 이 원칙(예컨대 간접정범에서의 미수와 같은 예외도 있다)을 확인할 수 있다. 이 경우 가벌적 행태인 '실행의 착수'는 대부분 신체적 행태에서 완결되지만, 이 신체적 행태가 형법적으로 중요한 의미를 갖는 이유는 오로지 이 행태가 (직접적으로) 기수범 구성요건에 언급된 결과로 이어질 위험을 포함하고 있는 일련의 상황을 만들어 내기 때문이다.

그러나 (일반적으로는)[7] 결과범의 형태로 실현되는 구성요건들에서 앞으로 우리가 다루게 될 인과관계의 문제, 즉 "이익침해 또는 이익위태화로서 형법 구성요건에 해당하는 결과가 언제 인간의 행태에 의해 야기되는가?"라는 문제가 제기된다. 이 문제의 본질은 전적으로 앞에서 짧게 설명한 우리 형법의 형태에 의해 규정된다. 어떤 형법이 **도덕적 심정**을 완벽하게 만들고자 한다면, 이러한 형법은 심정이 드러나는 외적 징후 개념을 법명제의 중심에 놓을 수밖에 없다. 왜냐하면 인간의 행태를 일정한 방향의 심정이 외부로 표현된 것으로 평가하는 것이 중요할 것이기 때문이다. 이 점은 **범죄의지** 자체를 반작용의 대상으로 선택하는 보안형법(Schutzstrafrecht)도 마찬가지이다. 이처럼 **징후적** 고찰방식에 익숙한 틀 속에서 인과적 관계는 오로지 징후적 의미를 지니는 진행과정으로부터 행위자의 심정 또는 의지의 방향을 추론하기에 적합한 범위 내에서만 의미가 있고, 그 이상의 의미를 인과적 관계에 부여할 수 없다. 즉 극히 중대한 결과를 낳은 경우라 할지라도 형법적으로는 이로부터 추론되는 심정만이 중요할 뿐이고, 만일 불능미수로부터 동일한 심정을 추론해 낼 수 있는 경우라면 양자는 똑같이 취급되어야 한다. 그

개념을 사용한다.
7   앞의 각주 6 참고.

러나 우리 형법은 이러한 심정형법(Gesinnungsstrafrecht)과는 완전히 다른 전제에서 출발한다. 즉 우리 형법은 원칙적으로 이익침해와 이익위태화만을 처벌하고, 통상 이익침해를 이익위태화보다 더 중하게 처벌하며, 어느 경우든 행위자가 구성요건에 해당하는 결과를 야기했다는 사정에 초점을 맞추고, 따라서 행태와 구성요건적 결과 사이의 인과관계를 형사책임의 핵심적 전제조건으로 삼는다.

가벌적 구성요건의 한 요소로서의 인과관계가 실제로 현행법의 구조에 의해 결정된, 형사책임의 핵심적 전제조건이라는 점을 강조하는 것은 매우 중요한 의미가 있다. 왜냐하면 이 점을 은폐하거나 오해하는 경우가 자주 있기 때문이다. 즉 인과관계를 형사책임의 전제조건으로 파악하는 것과는 반대로 이를 단순히 '책임의 징후(Symptom der Verschuldung)'[8]로만 이해하는 사람들뿐만 아니라, ― 인과적 판단과 규범적 판단의 대립으로부터 출발해서 ― 가치평가의 관점에 따라 형성된 범죄성립요소인 구성요건해당성, 위법성 그리고 책임만을 형사책임의 전제조건으로 삼으려는 사람들까지도 이 점을 은폐하거나 오해한다. 오늘날 드물지 않게 찾아 볼 수 있는 이 후자의 견해는 아마도 에버하르트 슈미트의 다음과 같은 문장에서 가장 분명하게 확인할 수 있을 것이다. "인과적 고찰방식은 형법적 가치평가의 대상이 되는 사실적 자료를 찾아 마련하는 것 이상의 의미가 없다. 따라서 형법적 평가 자체, 즉 형법적 책임의 문제와 ⋯ 인과적 고찰방식은 전혀 관련이 없다."[9] 하지만

---

8 이에 관해서는 M. E. Mayer, Der Kausalzusammenhang zwischen Handlung und Erfolg im Strafrecht, 1899, 10면; E. Hartmann, Das Kausalproblem im Strafrecht, 1900, 5면 이하 참고.

9 Eberhard Schmidt, Die mittelbare Täterschaft, Festgabe für Reinhard von Frank zum 70. Geburtstag, Band II, 1930, 115면. 이에 관해서는

예컨대 새해 첫날이 되는 밤에 두 명의 청년이 각각 장전된 권총을 들고 나와 폭죽 대신 총을 쐈는데, 어떤 사람이 두 총탄 가운데 하나에 맞아 치명상을 입게 되었다면, 오로지 피해자를 맞춰 죽음에 이르게 한 총탄을 쏜 사람만이 과실치상(제국형법전 제222조)으로 처벌될 수 있을 뿐이고, 다른 사람은 질서위반을 이유로 체포될 수 있을 따름이라는 점에 대해서는 의문이 있을 수 없다. 이 경우 사망이라는 결과의 야기가 오로지 책임의 징후로만 여겨지지 않으며, 평가의 대상이 되는 사실상의 자료를 마련하기 위한 '작업가설'로 볼 수도 없다. 오히려 이러한 결과 야기는 그 자체 형법적 평가의 본질적 구성부분이고, 그 때문에 형사책임의 중요한 전제조건이다.

행태와 구성요건적 결과(사망, 재물손괴 등) 사이의 인과관계는 형사책임을 묻기 위해 매우 중요한 전제조건이긴 하지만, 그렇다고 해서 인과관계의 **내용까지도** '규범적' 관점에 따라 결정되어야 한다는 뜻은 아니다.[10] 법은 다른 개념들(예를 들어 위험 개념[11])과 마찬가지로 일상적 삶이나 다른 곳으로부터 인과관계 개념을 수용할 수 있고, 이 수용된 인과관계 개념을 규범적 여과과정을 거치지 않고 곧바로 형사책임의 전제조건으로 삼을 수 있다. 왜냐하면 인과관

Liszt-Schmidt, 앞의 책(각주 1), 157면 각주 1도 참고. 여기서 슈미트 자신은 베그너(Wegner)와 메츠거(Mezger)를 원용한다. 물론 여기서 인용한 표현이 다른 맥락에서는 기본적으로 타당한 내용이라는 점을 부정해서는 안 될 것이다. 이에 관해서는 뒤의 131면 각주 207 참고.

10 이에 관해서는 예컨대 v. Rohland, Die Kausallehre des Strafrechts, 1903, 32면 이하 참고.

11 이에 관해서는 Finger, Der Begriff der Gefahr und Gemeingefahr im Strafrecht, Festgabe für Reinhard von Frank zum 70. Geburtstag, Band Ⅰ, 1930, 230면 참고.

계는 형사책임의 유일한 전제조건은 아니고, 따라서 여타의 형사 처벌의 전제조건(범죄성립요소)들까지 확정할 수 있을 때에야 비로소 모든 방향으로 형벌을 정당화하는 전제조건들이 충족되기 때문이다. 특히 명백히 규범적 관점에 따라 형성되는 요소인 위법성(즉 구성요건적 결과를 야기하는 행태가 마땅히 해야 할 행태가 아니라는 것)과 책임(즉 행태의 비난가능성. 이는 특히 고의 또는 과실을 근거로 삼는다)이 그러한 전제조건에 해당한다.[12]

물론 이와 관련해서는 이른바 결과적 가중범[13]이 조금은 어려운 문제로 등장한다. 결과적 가중범의 경우에는 책임(고의 또는 과실)이 오로지 행태 직후에 발생하는 구성요건적 결과와 관련될 뿐, 뒤이어 발생하는 '가중적' 결과와는 관련될 필요가 없다는 점에서 형사처벌의 전제조건들 가운데 발생한 결과에 대한 주관적 관련성, 즉 책임(Verschulden)이라는 요건이 결과의 일부에만 국한되기 때문이다. 예를 들어 누군가가 다른 사람에게 고의로 상해를 가하고 (첫 번째 구성요건적 결과), 이를 통해 피해자의 사망을 야기(가중된 결과)한 경우, 제226조에 따르면 발생한 사망 그 자체와 관련해 고의나 과실이 증명되지 않을 때에도 이 사망의 결과를 야기한 상해는 중하게 처벌된다('가중규정').[14] 이는 불합리한 결론을 낳을 수 있다. 예를 들어 A가 B를 약간 다치게 하였는데 B가 치료를 받기 위해

---

12 이에 관한 섬세한 설명으로는 Tarnowski, Die systematische Bedeutung der adäquaten Kausalitätstheorie für den Aufbau des Verbrechensbegriffes, 1927, 4-33면 참고.

13 결과적 가중범은 앞에서 언급한 결과범과 혼동해서는 안 된다. 즉 결과적 가중범은 결과범 가운데 특수한 집합에 해당한다.

14 이 점을 문언, 발생사 그리고 다른 법률 규정과의 관계로부터 도출하는 것이 일반적이다. 물론 이에 관해 논란이 없지는 않다. 이에 관해서는 예컨대 Heimberger, Strafrecht, 1931, 36면 이하 참고.

가다가 오토바이에 치여 죽게 된 경우 A가 제226조에 따른 형사책임을 부담해야 한다면 이는 불합리하다. 그렇기 때문에 어떤 학자들은 모든 경우는 아닐지라도[15] 최소한 이와 같은 경우에는[16] 결과 야기의 관계를 특수한 규범적 의미에서 이해해야 한다고 주장하는가 하면, 다른 학자들은 이와 같은 형사책임의 비정상적 성격은 오로지 법률을 개정하거나[17] 인과관계, 위법성 그리고 책임 이외에 별도의 특수한 범죄성립 요소를 도입함으로써만[18] 제거될 수 있다고 생각한다.

---

15 Traeger, Der Kausalbegriff im Straf- und Zivilrecht: zugleich ein Beitrag zur Auslegung des B.G.B., 1904, 특히 173면 이하.
16 예컨대 Frank, Kommentar zum Strafgesetzbuch, 1929, 15면.
17 이에 관해서는 Mayer, Der allgemeine Teil des deutschen Strafrechts, 1915, 142면 이하; Pomp, Die sog. Unterbrechung des Kausal-zusammenhangs, 1911, 74면 이하 참고.
18 Radbruch, Die Lehre von der adäquaten Verursachung, 1902, § 7.

조건설

이렇게 해서 우리는 부지불식간에 인과관계의 문제를 둘러싸고
복잡하게 얽혀 있는 물음들 속으로 들어와 버렸다. 그리하여 이제
우리는 다음과 같은 물음들에 봉착하게 된다. 즉 형법 구성요건의
한 요소인 인과관계 개념은 일상적인 언어사용과 일치하는 서술적
인 개념인가 아니면 철학적 개념정의를 통해 규정해야 하는 것일
까? 만일 후자라면 어떻게 개념정의를 해야 할까? 철학적 인과관
계 개념은 규범적 관점에 따라 형벌이라는 법률효과를 고려해 '변
형'되어야 하는 것일까? 만일 변형되어야 한다면, 다른 형사책임의
전제조건들(경우에 따라서는 아직 발견되지 않은 전제조건들까지)이 어
떠한 역할을 하는 것일까? 원인 개념은 과연 형법에서 통일적으로
사용되는 개념일까? 형사처벌의 전제조건들이 바뀌면 (경우에 따라
서는 주관적 관련성으로서의 책임이라는 요소를 부분적으로 배제함으로써)
원인개념도 바뀌는 것일까?

이 물음들은 ― 공범이론이 제기하는 특수한 인과관계 문제는 일

단 제외하기로 한다 — 인과관계 개념에 관한 형법학의 연구가 끊임없이 다루고 있는 근본적인 물음들이다. 우리는 이제 인과관계 이론들 자체를 다루기에 충분한 준비가 되어 있다고 볼 수 있다. 여기서는 인과관계이론들의 역사[19]는 다루지 않고 오늘날에도 여전히 의미를 지니고 있는 측면들에 국한시켜 논의를 전개하겠다.

우리가 처음에 제기했던 근본적인 문제, 즉 어떠한 경우에 형법적으로 중요한 결과가 인간의 행태에 의해 야기되는 것인가라는 물음을 다시 제기해 보자. 이 물음에 대해서는 제국법원 법관이었던 폰 부리(von Buri)가 주창했고, 오늘날에도 광범위하게 퍼져 있으며 근원적인 의미를 지닌 '**조건설**(Bedingungstheorie)'의 도움을 받으면 매우 단순한 대답을 들을 수 있다. **오늘날 흔히 사용되는 형태의**[20] 조건설은 다음과 같은 공식을 제시한다. 즉 어떤 행태를 빼놓고 생각하면 그 결과도 탈락되는 경우에, 다시 말해 어떤 결과가 그 행태 없이는 발생하지 않았을 경우에는 결과가 인간의 행태에 의해 야기된 것이라고 한다. 따라서 인간의 어떤 행태가 결과와의 관계에서 '없어서는 안 될 조건(conditio sine qua non)'이라면, 그 행태는 결과의 원인이라고 한다.[21] 다음과 같은 사건을 가정해 보자.

---

19 이에 관해서는 Liszt-Schmidt, 앞의 책(각주 1), § 29 IV 참고.
20 부리 자신은 조건설을 설명하면서 '힘(Kraft)'이라는 개념을 주로 사용한다. 뒤의 35면 각주 49 참고.
21 대표적으로 Liszt-Schmidt, 앞의 책(각주 1), § 29; Frank, 앞의 책(각주 16), 11면; Mezger, Strafrecht, 1931, 109면 이하 참고. v. Bar, Gesetz und Schuld im Strafrecht, Band II, 1907, 164면에 따르면 이 공식은 글라저(Glaser)가 만든 것이라고 한다. 제국법원은 이 공식을 이미 초창기의 판결에서부터 사용했다. 이에 관해서는 제국법원 판결집 제1권 373면 이하 참고. 물론 판결집 제2권 404면 이하와 제22권 325면 이하는 이와는 모순된다. 이에 대해서는 뒤의 33면 각주 46 참고. Thyrén, Abhandlungen

한 단체의 축제에서 시원한 공기를 마시기 위해 연회장에서 어두 컴컴한 뜰로 나간 어떤 여자(X)가 거기서 하수관에 빠져 죽었다. 수사를 통해 보통은 덮개로 덮여 있었던 이 하수관이 이 부동산을 소유한 여성의 위임을 받아 어떤 노동자가 축제가 열리기 전날 보수작업을 위해 덮개를 열었고, 작업이 끝났는데도 그 상태로 놔두었다는 사실이 밝혀졌다. 뜰로 나가는 문은 축제가 진행되는 동안 처음에는 잠겨 있었는데 어떤 참석자가 약속을 어기고 문을 열어 놓았고, 그래서 피해자가 뜰로 나갈 수 있었던 것이다.[22] 이 사례에서 사망이라는 구성요건적 결과와 인과적으로 연결된 일련의 행동을 확인하기란 어렵지 않다. 즉 소유자인 여성이 노동자에게 하수관을 열고 보수하라고 한 위임, 위임받은 일을 수행한 노동자의 행동, 누군가가 연회장의 문을 연 행위 그리고 하수관의 덮개를 연 다음에 다시 덮지 않은 노동자의 부작위 및 그 이외에 의무를 이행하지 않은 사람의 부작위와 뜰에 조명시설을 하지 않은 부작위를 확인할 수 있다. 이 모든 행태들과 관련해 "이 행태가 없었더라면, X는 하수관에 빠지지 않았을 것이고 죽지 않았을 것이다"라고 말할 수 있다. 즉 조건공식은 아주 쉽게 적용될 수 있는 것처럼 보인다. 더욱이 우리는 일상생활에서 이런 식으로 사태를 바라보는 데 매우 익숙하다. "내가 그렇게 하지 않았더라면 x는 일어나지 않았을 거야", "네가 그렇게 하지 않았더라면 x는 일어나지 않았을 거

---

aus dem Strafrecht und der Rechtsphilosophie. I, 1894는 조건공식에 따라 인과관계를 판단하는 절차를 '가설적 제거절차(hypothetisches Eliminationsverfahren)'라고 명명한다. 또한 v. Kries, Logik. Grundzüge einer kritischen und formalen Urteilslehre, 1916, 124면에서는 '차이의 고찰(Differenzbetrachtung)'이라고 말하기도 한다.

22 이는 제국법원 판결집 제57권 148면 이하의 사안을 변형한 것이다.

야" 또는 이와 유사한 내용의 문장들을 동원해 후회와 분노 또는 비난을 표현하곤 한다. 그럼에도 불구하고 법적 관계에서 도출되는 결론들을 도출하기 위해서도 이미 조건설의 공식을 하나의 이론의 내용으로 만들어야 했다. 그러나 더 자세히 살펴보면 조건설은 언뜻 보기와는 달리 쉽게 사용하기에 적합하지 않다. 오히려 이 단순하기 짝이 없는 공식에는 많은 문제점들이 감추어져 있다. 이 문제점들은 오늘날까지도 만족스러울 정도로 해결되지 않았고, 심지어 이 문제점들을 깊이 성찰해 보면 조건설을 재구성해야 할 정도이다. 아래에서는 이 문제점들을 더 자세하게 살펴보기로 한다.

1. 결과의 규정

특정한 결과가 특정한 행태가 없었더라도 발생했을 것인가라는 물음에 대답을 할 때 결정적인 측면은 결과 야기의 문제를 심사하면서 관련시켜야 할 결과 자체를 포착하는 방식이다. 앞에서 제시한 사례에서 단순히 여자 X가 하수관에 빠지지 않았더라도, 하수관의 덮개가 열리지 않았더라도, 연회장의 문이 열리지 않았더라도 … 사망했을 것인가라고 묻는다면, 우리는 조금도 망설이지 않고 "그렇다!"라고 대답할 수 있을 것처럼 보인다. 왜냐하면 "모든 사람은 죽는다. 여자 X는 사람이다.…"라고 말할 수 있기 때문이다. 우리가 앞에서 별 생각 없이 하수관의 덮개가 열린 것이 사망의 조건이 되는 성질을 갖는다고 주장할 때에는 분명히 앞의 물음과는 완전히 다른 물음, 즉 여자 X가 하수관의 덮개가 열리지 않았더라면 **지금** 이 순간에 **그러한 양태로** 사망에 이르게 되었을 것인가라는 물음으로부터 출발한 것이었다. 하지만 이렇게 물음을 좁게 설정하게 되면, 다시 다른 방향으로 과장하는 것은 아닐까? 예컨대 A는 B가 C를 뒤따라가면서 C에게 치명적인 가격을 하기 위해 팔을 뒤로 치켜드는 것을 보고 소리를 질러 C에게 위험을 알려 주었는데, 그 결과 C가 뒤를 돌아보기 위해 몸을 돌렸고 C는 후두부가 아니라 측면 두개골이 부서지는 가격을 당한[23] 사례를 생각해 보자. 이 사례에서 (측면 두개골 파손이라는) 매우 구체적으로 확정된 결과를 고려하면, B뿐만 아니라 A도 발생한 결과에 대해 '없어서는 안 될 조건'을 만들어 낸 것이다. 그러나 이는 '법감정'에 배치될 것이다. 물론 A가 C에게 소리쳐 경고하려던 것이 아니라, B가 몰래 가격할 수 있도록 하기 위해 주의를 다른 곳으로 돌리려는 것이었고, 이렇게 해서 후두부가 아니라, 측면 두개골을 가격한 것이었다면, A가 인과관계의 진행에 일정한 기여를 한 것에 대해 책임을 묻는 것이 법의 요구에 부합할 것이다. 다른 예를 들어 보자. A가 꽃병에 색칠을 했는데, B가 이 꽃병을 바닥에 던져 버려 꽃병이 산산조각 났다면, 이 경우 색칠되지 않은 꽃병조각이 아니라, 색칠된 꽃병조각이 바닥에 흩어져 있으므로 A도 결과의 발생에 없어서는 안 될 조건을 만든 것이 아닐까?[24] 물론 이 물음은 아무런 의미가 없을 것이다. 또한 A가 홍수가 일어날 때 댐을 막 넘으려는 물길에 한 양동이의 물을 쏟아부어서 그 작용이 최소한이나마 상승했다면, A도 홍수라는 결과에 인과적 요인이라고 진지하게 주장할 수 있을까?[25]

---

[23] Max Rümelin, Die Verwendung der Kausalbegriffe im Straf- und Zivilrecht, Archiv f. civilistische Praxis 90(1900), 283면.

[24] Traeger, 앞의 책(각주 15), 41면 참고.

형법학은 이와 같은 형태의 사례들을 반복적으로 논의하면서 결국에는 매우 구체적으로 확정된 형태의 결과가 아니라, 법적 추상화를 기초로 어느 정도 일반화한 형태의 결과를 대상으로 조건관계를 심사해야 한다는 결론에 도달했다. 다시 말해 추상화의 정도는 가치판단을 통해 결정되어야 한다는 것이다.[26] 이러한 관점을 취하는 대표적 학자라고 할 수 있는 트래거(Traeger)는 오로지 특정한 행태를 빼놓고 생각할 경우 "결과가 법적 평가의 측면에서 다른 결과가 되는지" 여부의 측면에서만 행태를 심사해야 한다는 공식을 제시했다.[27] 그러면서 행태가 없었더라면 결과가 더 이상 문제되는 법적 결과의 범주(사망, 상해, 재물손괴)에 해당하지 않거나 또는 최소한 그 결과가 상당히 뒤늦게 또는 상당히 좁은 범위에서만 발생했을 것으로 판단되는 경우에는 법적 평가와 관련해 본질적으로 다른 결과에 도달한다고 한다.[28] 그렇기 때문에 트래거는 앞에서 언급한 사례들에서 A가 C에게 경고한 행태, 꽃병에 색칠을 한 행태, 양동이를 쏟아부은 행태가 없어서는 안 될 조건을 만들지는 않았다는 결론에 도달해야만 한다. 왜냐하면 결과는 어떤 경우든

---

25 v. Buri, Über Causalität und deren Verantwortung, 1873, 69면 참고.

26 이에 관해서는 v. Kries, Über den Begriff der objektiven Möglichkeit und einige Anwendungen desselben, in: Vierteljahrsschrift für wissenschaftliche Philosophie 12(1888), 199면 이하, 223면 이하; Liepmann, Einleitung in das deutsche Strafrecht, 1900, 59면; Rümelin, 앞의 논문(각주 23), 283면; Traeger, 앞의 책(각주 15), 41면 이하; v. Bar, 앞의 책(각주 21), 165면 각주 10과 193면 이하; Pomp, 앞의 책(각주 17), 13면 이하, 37면 이하(그러나 27면의 서술과 모순된다); Tarnowski, 앞의 책(각주 12), 38면 이하 참고. 민법의 영역에서 최근의 글로는 Leonhard, Allgemeines Schuldrecht des BGB, 1929, 142면 이하 참고.

27 Traeger, 앞의 책(각주 15), 46면.

28 Traeger, 앞의 책(각주 15), 42면 이하. 또한 같은 책 § 10도 참고.

A의 행태가 없었더라도 법적으로 동일한 의미를 지닌 방식으로 발생했을 것이기 때문이다.[29] 트래거는 오로지 A가 B에 의해 습격당하는 C에게 경고하려는 것이 아니라, C의 주의를 다른 데로 돌리려고 했고, 이로써 C가 후두부 대신 측면 두개골에 가격을 당하게 된 경우에만 다르게 판단할 것이다. 왜냐하면 "행위가 방조(고의로 범행을 지원)를 의미하는 경우에는 결과에 대한 극히 경미한 변경만으로도 방조행위가 없어서는 안 될 조건이었다고 확인하기에 충분하다고 보아야 하기" 때문이라고 한다.[30] 하지만 이렇게 되면 외부적 영역에서 이루어져야 할 인과관계의 고찰이 유감스럽게도 행위자의 의지 내용에 관한 문제와 결부된다는 것을 쉽게 알 수 있다.

그러나 트래거가 결과를 규정하는 방법은 결코 유지될 수 없다. 내 생각으로는 트래거의 방법은 이미 밀러(Max L. Müller)[31]에 의해 필요한 교정이 이루어졌다. 밀러는 해당되는 행태가 없었더라면 법적으로 동등한 또는 다른 형태의 결과가 발생했을 것인지 여부를 물어서는 안 된다고 한다. 즉 그는 **추상적으로** 규정된 결과와 관련해 조건의 성격을 지니는지 여부의 관점에서 행태를 심사해서는

---

29 Traeger, 앞의 책(각주 15), 41, 57면도 참고.
30 Traeger, 앞의 책(각주 15), 47면.
31 Max L. Müller, Die Bedeutung des Kausalzusammenhanges im Straf- und Schadenersatzrecht, 1912, 10면 이하. 물론 밀러가 가장 먼저 결과를 구체적으로 규정해야 한다고 주장한 것은 아니다. 이에 관해서는 v. Liszt, Lehrbuch des deutschen Strafrechts의 구판들을 참고. 나는 트래거의 견해를 반박하고 있는 밀러의 견해를 지지한다. 또한 밀러에 반대하는 Tarnowski, 앞의 책(각주 12), 40면 이하도 참고. 결과를 구체적으로 규정해야 한다고 보는 최근의 문헌으로는 Heimberger, 앞의 책(각주 14), 35면과 (상세하게 논의하는) Mezger, 앞의 책(각주 21), 114면 이하 참고.

안 되고, 오히려 구체적(즉 그 시점에서 그러한 형태와 방식으로 발생한) 결과에 대해 행태가 조건이 되었는지를 물어야 하며, 이 밖에 법적 결과의 범주인 사망, 재물손괴 등을 고려하면서 조건관계를 확인해야 할 구체적인 사실들만을 선택하고 다른 사실들과 뚜렷하게 구별해야 한다는 점을 보여 준다. 트래거의 견해는 이러한 구별을 추상화로 대체하는 잘못을 범한 것이다. "결정적인 기준은 언제나 구체적 사실이고, 이 구체적 사실에 비추어 볼 때 문제되는 법적 구성요건의 결과 유형이 판단해야 할 사건에서 실현되었는지 여부이다."[32] 이에 따라 앞에서 예로 든 첫 번째 사례에서는 살해가 실현된, C의 측면 두개골에 대한 가격과 관련해 A의 외침도 조건이 되었는지 여부를 심사해야 한다. 이 물음에 대해서는 얼마든지 "그렇다!"라고 대답할 수 있고, 이 경우 A가 외침을 통해 C에게 경고하려고 했는지 아니면 주의를 다른 곳으로 돌리려고 했는지는 문제되지 않는다. 이와는 달리 꽃병 사례의 경우에 꽃병에 색칠이 되어 있다는 사실은 결코 재물손괴라는 법률 구성요건에 따라 구별되는 구체적인 결과의 구성부분이 아니다. 재물손괴는 꽃병이 깨짐으로써 즉시 기수가 되고, 이는 깨진 조각이 색칠된 것인지 아닌지 여부와 상관이 없다. 그리고 홍수 사례와 관련해서는 물길에 쏟아부은 매우 적은 양의 물은 인간의 자연적인 고찰방식에 비추어 볼 때 홍수에 떠다니는 코르크와 마찬가지로 우리가 홍수라고 부르는 사태의 구성부분이 아니다.[33] 이 모든 결론은 확실한 방법을 통해 획득된 것이고 또한 상당히 만족스러운 결론이다.[34] 기껏해

---

32 Müller, 앞의 책(각주 31), 14면.
33 이와 다른 입장으로는 Mezger, 앞의 책(각주 21), 115면 참고.
34 결과를 구체적으로 고찰할 때 적절한 결론에 이를 수 있는 또 다른 사례

야 법감정에 비추어 볼 때, 좋은 의도를 갖고 있었고 상황을 악화시키지 않은 사람이 구체적 결과에 인과적으로 기여를 한 것(경고 사례)을 법적으로는 결과를 야기한 자로 평가되어야 한다는 점이 불만족스러울 수는 있다고 한다. 하지만 여기서는 단지 다음과 같은 점만을 지적하는 데 그치기로 한다. 즉 결과 야기를 확인하는 것만으로는 아직 형사책임을 져야 한다고 주장하는 것이 아니라, 반드시 다른 형사책임의 전제조건들도 충족되어야만 하고 또한 경고 사례에서 명확하게 볼 수 있듯이, 위법성 또는 책임이 인정되지 않아 가벌성이 탈락한다.

그러나 결과의 규정에 관해 뮐러가 제시한 이론의 타당성이 오로지 올바른 결론 및 방법의 단순성과 확실성에만 기초한 것일까? 나는 다른 사정들도 뮐러가 제시한 이론의 타당성을 뒷받침한다고 생각한다. 우리는 이미 형법의 구성요건들이 결과 야기에 초점을 맞추고 있다는 점을 살펴보았다. 하지만 **전통적인** 의미의 결과 야기는 오로지 구체적인 사건과 관련해서만 존재할 뿐이다. 구체적인 사정에 비추어 볼 때, 추상적 집합 E에 속하는 어떤 결과가 문제되는 행태가 없었더라도 발생했을 것인가라는 물음은 그 자체 더 이상 결과 야기에 관한 물음이 아니다. 또한 형법전의 영역에서 전통적인 원인 개념을 추상적인 결과 고찰이 도달하게 되는 관계 개념으로 대체하고자 한다면, 아직까지 썩 설득력 있게 제시되지 못한 특수한 근거들을 제시할 필요가 있다. 제국법원 판결집 제22권 325면 이하에 나와 있는 판례에서 제국법원도 이 점을 분명하게 감지하고

들은 Müller, 앞의 책(각주 31), 14면 이하와 Mezger, 앞의 책(각주 21), 114면 이하 참고. 메츠거는 조건공식을 구체적으로 결과를 고찰할 때 '조건관계를 확정하기 위해 결코 실패하지 않는 수단'이라고 지칭한다.

있다.[35] 판결의 대상이 된 사례에서는, 이미 불길에 휩싸인 건물의 나머지 부분에 방화가 이루어졌는데, 피고인은 이 부분도 (곧) 화염에 휩싸이게 되었을 것이라는 주장을 내세워 자신을 방어하고자 했다. 자연적으로 고찰해 보면, 아직 화염에 휩싸이지 않은 건물 부분에 불을 붙이는 것이 건물의 소실을 야기했다는 점에서는 의문이 있을 수 없음에도 불구하고, 트래거의 문제제기(불을 붙임으로써 발생한 결과는 법적 평가의 관점에서는 결과가 훨씬 더 일찍 발생했다는 점에서 불을 붙이지 않은 경우와 비교해 볼 때 다른 결과가 되었는가?)에 따른다면, 사실상 피고인의 행태와 결과 사이의 인과관계는 부정될 것이다. 이와는 달리 제국법원은 다음과 같이 타당한 논증을 펼친다. "야기된(!) 결과의 가벌성은 동일한 결과에 이르는 행위가 없었더라도 동일한 결과가 발생하였을 것이라는 이유만으로 부정되지 않는다." 우리의 맥락에 비추어 보면 다음과 같이 더 분명하게 표현했어야 할 것이다. "… 법적으로 동일한 종류의 결과가 … 경우에도 발생하였을 것이다." 판결문의 문구에서 알 수 있듯이, 이 문장은 조건공식과의 단절로 볼 수밖에 없다. 아마도 제국법원이 이를 의도하지는 않은 것 같지만, 이에 대해서는 우리가 지금 관심을 기울일 필요는 없다. 하지만 최근 들어 결과를 규정하는 문제와 관련된 제국법원의 태도가 불확실해졌다.[36]

---

35 이 밖에도 제국법원 판결집 제2권 404면 이하 참고.

36 이에 관해서는 Höchstrichterliche Rechtsprechung 1930, Nr. 2034 참고. 어떤 산림감독관이 그가 부상을 입힌 산림절도범에게 응급조치를 하지 않았다. 이 절도범은 출혈로 인해 사망했다. 제국법원은 원인관계를 부정한다. 왜냐하면 산림절도범은 아마도(!) 산림감독관이 동원할 수 있는 방법으로 응급조치를 했을지라도 의사가 도착하기 이전에 사망했을 것이기 때문이라고 한다. 응급조치를 통해 최소한 사망이 지연되었을 것이라는 점은 절도범의 부상과 사망 사이의 시간이 너무 짧기 때문에(한 시간 미만)

2. 합법칙적 조건공식을 통한 조건공식의 대체

이제 우리는 결과의 원인이 되는 행태를 확인할 때 어떻게 결과를 규정해야만 하는가라는 문제를 법률의 구성요건이 실현되는 구체적 사안을 기초로 삼는 방향으로 해결해야 한다고 생각해도 좋을 것이다. 그렇기 때문에 조건공식의 적용을 주도하는 고찰방식을 더 자세히 고찰해 보면 이 공식 자체를 포기하지 않을 수 없다는 결론에 도달하게 된다.[37]

다시 뮐러가 제시한 한 사례로부터 출발해 보자. 어떤 기차사고가 두 사람에 의해 다음과 같은 방식으로 발생했다. 즉 A가 전철수에게 수면제를 주었는데, 잠시 후 A와 상관없이 B가 그 전철수를 줄로 묶어 버렸고, 전철수가 전철기를 조종해야 하는 바로 그 순간에 수면상태와 포박상태로 인해 움직일 수 없게 되어, 그 결과 기차들이 충돌했다. 지금까지 살펴본 내용을 토대로 하면, 다양한 법률

의미가 없다는 것이다. 이 밖에도 Exner, Fahrlässiges Zusammenwirken, Festgabe für Reinhard von Frank, Band Ⅰ, 1930, 583면에 인용된 사례 11도 참고. 즉 어떤 의사가 수술을 하면서 마취를 하기 위해 노보카인 대신에 코카인을 사용했고, 신체 기능이 약화되어 있던 환자는 코카인 때문에 사망했다. 그러나 감정인의 판단에 따르면 환자는 아마도(!) 노보카인을 사용해 마취한 경우에도 사망했을 것이라고 한다. 제1심 법원은 이 사건에서 인과관계를 인정할 수 없다는 이유로 피고인에게 무죄를 선고했다. 이 사례에서 제국법원은 노보카인을 사용했더라도 사망했을 개연성이 있거나 거의 확실성에 가까울 정도로 개연성이 매우 높은 경우에는 인과관계를 부정하는 것이 타당하다고 본다(Exner, 앞의 논문, 587면). 그러나 구체적인 사정에 비추어 볼 때 환자에게 허용된 노보카인을 사용했더라면 다른 방식으로 그리고 더 나중에 사망했으리라고 추측해 볼 수 있다. 이는 사실관계가 자세히 언급되어 있지는 않지만 Exner, 앞의 논문, 583면에서 인용한 사례 12의 경우에도 해당된다.

37 이와 반대되는 입장은 앞의 24면 각주 34에서 인용한 메츠거의 견해를 참고.

적 구성요건들이 실현된(기차가 충돌하면서 사망, 상해, 재물손괴가 발생할 수 있다) 이 전체 사안은 두 행위자 가운데 어느 한 명이 그렇게 행동하지 않았더라도 실제로 진행된 구체적인 형태 그대로 발생했으리라고 말할 수밖에 없다. 이에 따라 두 행위자 모두 조건공식을 근거로 원용하면서 자신의 행위가 없었더라도 (다른 사람의 행위로 인해) 사고가 실제로 발생한 그대로 발생했을 것이고, 따라서 발생한 사고에 대한 인과관계와 관련해 자신은 책임이 없다고 주장할 수도 있을 것이다. 이런 주장이 터무니없다는 점에 대해서는 의문이 있을 수 없다. 왜냐하면 만일 그렇다면 이들의 행위가 없었더라면 사고가 발생하지 않았을 것이 거의 확실함에도 불구하고 A와 B 어느 누구도 사고를 야기하지 않았다[38]는 것이 되기 때문이다. 뮐러는 이와 같은 사례를 해결하기 위해 하르트만(Erich Hartmann)[39]이 제시한 다음과 같은 공식을 원용한다. "하나의 행위는 그 행위가 없었더라면 결과가 전혀 발생하지 않았거나 **또는** 그 결과가 실제로 발생한 것과 **같은 방식으로** 발생하지 **않았을** 가능성이 있다면 발생한 결과에 대하여 인과적이다." 우리는 이 공식의 작동방식이 다음과 같다는 것을 확인할 수 있다. 즉 결과가 단순히 인과연쇄의 최종지점으로서 법률에 규정된 구성요건에 따라 구분되는 것이 아니라, 발생한 결과의 조건관계를 심사해야 할 사안에 문제되는 행태와 결과 사이의 중간고리들까지 포함시켜 고려하게 된다. 다시 말해 문제되는 행태가 없었더라도 서로 인과적으로 결합되어 있는 사건들이 그대로 발생했을 것이고, 이 사건들의 종착지점에서 법

---

38 추상적인 관점에서 결과를 고찰하면 이러한 결론에 이를 수밖에 없다는 점은 자명하다.

39 Hartmann, 앞의 책(각주 8), 77면.

률에 규정된 구성요건이 실현되는 결과가 발생한 것인지를 묻는다 (따라서 우리의 사례에서는 다음과 같은 물음을 제기하게 된다. "A 또는 B의 행태가 없었더라도 전철수가 수면 그리고 포박 때문에 활동의 자유에 제약을 받았을 것인가?", "이러한 장애가 없었더라도 전철기의 작동이 이루어지지 않았을 것인가?", "전철기가 조종되었더라도 사고가 발생했을 것인가?"). 하지만 이 사례에서는 하르트만의 공식이 타당한 결론으로 이끈다는 것을 인정할 수밖에 없다고 하더라도,[40] 도대체 어떤 근거에서 구성요건적 결과의 조건관계뿐만 아니라, 결과 이전에 진행된 것까지도 심사해야 하는 것일까? 이 물음에 대해서는 다음과 같은 대답을 생각해 볼 수 있다. 즉 중간의 연결고리들을 고려하지 않으면 — 앞에서 요구했던 것과 같이 — 사안을 구체화하는 것이 불가능하고, 법률구성요건이 실현되는 **최종**결과는 아무런 차이가 없이 똑같은(심장사!) 경우가 대부분이며, 따라서 중간 연결고리들을 배제하면 그렇게도 거부했던 추상적 결과 규정으로 되돌아가는 결론에 봉착하고 만다고 대답할 수 있다. 더 나아가 법률의 구성요건은 구성요건 결과 자체에서 실현되는 것이 아니라, 결과의 야기를 통해 실현되는 것이고 또한 결과의 야기가 이루어지는 구체적 사안을 확인하고자 한다면 반드시 행태와 결과 사이의 모든 인과적 중간 고리들을 낱낱이 밝히지 않을 수 없다고 논증할 수 있다.

그러나 이러한 생각의 타당성 여부와는 관계없이 구체화의 정도를 극단적으로 상승시킴으로써 조건공식이 터무니없는 결론에 이르는 것을 저지하려고 시도한 하르트만의 공식 역시 의문의 여지를

---

40 즉 A와 B의 행태 모두 결과 발생에 인과적이다. 다른 견해로서 Mezger, 앞의 책(각주 21), 116면 각주 21에서는 포박하는 행위만을 인과적이라고 파악한다.

남기고 있다. 다음과 같은 예를 들어 보자. A가 용감히 맞서는 B를 구타하면서 친구 C와 D를 불렀다. 이 친구들은 A에게 구석에 놓여 있던 몽둥이를 건네주려고 했다. C와 D는 이 몽둥이를 잡으려고 했는데 C가 D의 팔을 옆으로 치면서 동시에[41] D에 앞서 몽둥이를 잡았고, 이를 A에게 건네줬으며 A는 이 몽둥이로 B를 구타했다. 더 극적인 사례를 들 수도 있다. 살해된 피해자의 아버지(C)에게 사형장 출입을 허용했는데, C가 직접 살인자에게 복수하기 위해 몰래 단두대 가까이 다가가 사형집행인이 단추를 누르려는 바로 그 결정적인 순간에 집행인을 뒤로 밀치고 자신이 단추를 눌렀다. 두 사례의 경우에 C의 행위가 없었더라도 — 인간의 구별능력이라는 한계 내에서 생각해 볼 때 — 실제로 발생한 결과와 똑같은 결과가 이 결과에 이르게 한 중간고리와 함께 발생했을 것이다. 즉 C의 행위가 없었더라도 B는 실제와 똑같은 방식으로 몽둥이에 맞았을 것이고, 살인자는 죽임을 당했을 것이다. 하지만 C가 아니라면 도대체 누가 A의 손에 몽둥이를 건네주었고 살인자를 살해했다는 말인가? 만일 조건공식에 따라 C의 행태가 결과발생에 인과적으로 작용했다는 것을 부정한다면, 문제의 결과는 이 결과에 이르러 가는 중간고리들과 마찬가지로 원인이 없이 발생한 것이 된다. 하지만 우리는 이 사례들에서 원인을 매우 정확히 알 수 있다고 생각한다. 단지 조건공식을 통해서는 원인이 확인되지 않을 뿐이다. 물론 이러한 시각에 대해 일관성이 없다고 비판할 수도 있을 것이다. 다시 말해

---

41 나는 조건공식을 적용할 때 구성요건결과를 발생시키는 방향으로 작용하는 C의 행태와 동시에 이 행위가 없었더라도 원인이 되는 (D의) 행태를 저지하는 것도 함께 빼고 생각하도록 만들기 위해 이 '동시성'이 중요하다고 본다.

여전히 구체적 고찰 방법을 충분할 정도로 진지하게 감안하지 않는다고 비판할 수 있다. 즉 몽둥이를 건네준 사람 또는 단두대의 단추를 누른 사람이 C가 아니었더라면, **그런 방식으로, 즉 C의 손으로부터 몽둥이를 건네받거나** 또는 **C의 손가락으로** 단두대가 작동함으로써 결과가 발생하지는 않았을 것이고, 그렇기 때문에 C의 행태를 빼고 생각하면 결과에 도달하는 특수한 진행과정이 실제로 발생한 사안과 정확히 일치하는 방식으로 발생하지 않았을 것이라고 생각할 수도 있다. **그러나 이러한 생각은 인과적이라고 먼저 입증해야 할 것을 이미 인과적이라고 전제하고 있다.** 내가 C의 행태의 인과관계를 물으면서, 이 물음이 조건공식을 통해 대답될 수 있기를 바란다면, 조건공식은 내게 다음과 같이 설명한다. 즉 구체적 사례에서 존재하는 특수한 **인과적** 중간고리들을 거치는 경우에만, 다시 말해 C의 행태를 거치는 경우에만 그의 행태가 없었다면 구체적 결과가 발생하지 않았을 것이라는 대답을 듣게 된다. 이와 같은 사고과정이 허용되지 않는다는 것은 너무나도 분명하다. 가설적 진행과정과 실제의 진행과정을 비교하는 일은 빼고 생각해야 할 행태에 뒤따르는 요인들과 관련해서만 이루어져야 하기 때문이다.

그러나 누군가는 여전히 또 다른 해결책을 모색할지도 모른다. 즉 두 번째 사례에서 집행의무를 지고 있고 집행하기로 마음먹은 사형집행인처럼 다른 누군가가 결과를 야기하는 행동을 했으리라는 사정을 고려하는 것 자체가 잘못이라고 생각할 수도 있다. 인과관계에 관한 물음은 조건으로서의 성질을 갖는지를 심사해야 할 (C의) 행위가 추가되었을 때 이미 실제로 존재했던 선행조건들 (Antezedentien)만을 기초로 대답해야 한다.[42] 사형집행 사례에서는 단두대와 단두대칼 아래 놓인 범죄자가 이러한 선행조건으로 이미 주어져 있었다. 하지만 이 선행조건들만으로는 선고받은 자의 사망으로 이어질 수 없었다. 그래서 C의 행위를 빼고 생각하면 사망이라는 결과도 탈락되는 것이다. 그러나 이와 같은 생각도 만족스럽지 못하다. 왜냐하면 어떤 이유에서 C가 행위한 시점에 이미 존재하는, 곧 사형을 집행하려는 사형집행인의 결심을 고려해서는 안 되는지를 이해하기 어렵기 때문이다. 이와 같은 요인들은 다른 선행조건들과 마찬가지로 행위 시점에 존재하는 작용요소들이다.

끝으로 이와 같은 사례들이 매우 드물게 발생할 수 있는 한계사례들일 뿐이고, 이 사례들만으로는 조건공식을 취하는 조건설이 원칙적으로 타당하다는 것에 대해 의문을 제기하기 어렵다고 반론을 제기할 수도 있다. 물론 조건설을 의심하게 만드는 사례들이 드물다는 점은 인정할 수 있다. 그러나 이러한 희귀성은 오로지 이 사례들에서 결과를 극단적일 정도로 구체화한 데 기인하고, 결과를 일반화시켜 고찰하는 관점에서 보면 조건설을 의심하게 만드는 사례들이 결코 드물지 않다.[43] 따라서 우리의 사례들을 매우 드문 사례라고 여기면서 배제해서는 안 된다. 왜냐하면 이 사례들은 조건공식이 진정한 인과관계를 포착하는 것이 아니라, 앞에서 추상적 결과 규정을 비판하면서 거부했던 관계와 같은 어떤 다른 관계를 포착하는 것이 아닌가라는 의심을 불러일으키기 때문이다. 더욱이 조건공식은 법률에 명시적으로 표현되어 있지 않으며, 단지 이 공식의 적용영역이 일반적으로 인과적 고찰의 적용영역과 겹친다는 이유 때문에 평균적인 사례에서 사용할 수 있을 따름이라는

---

42 이에 관해서는 Hartmann, 앞의 책(각주 8), 73면 참고.

43 이에 관해서는 앞의 23면에서 언급한 사례 이외에 Traeger, 앞의 책(각주 15), 45면; Leonhard, 앞의 책(각주 26), 142면 이하도 참고.

의심도 불러일으킨다. 그렇다면 조건공식은 대부분의 경우에 주어
져 있는 부수적 현상을 문제의 핵심으로 여기는 셈이다.

실제로 "행태 V가 구체적 결과 E를 야기했는가?"라는 물음은 제
반 사정들을 고려할 때 구체적 결과 E가 행태 V가 없었더라도 동
일한 방식으로 발생했을 것인가라는 물음과는 엄격히 구별해야 한
다. 특히 V가 E를 야기하긴 했지만, V를 빼놓고 생각해 볼 때 결과
에 작용하는 방식이 완전히 동일한 형태의 행태가 있었고, 이 행태
와 관련해 작용요인들이 이미 주어져 있었으며, 이 행태가 동일한
방식으로 E를 초래했었을 경우에는 두 물음의 차이가 분명히 드러
난다.[44] 또한 이러한 대체 행태가 이루어지지 않은 경우에도 E는 V
가 없었더라면 발생하지 않았을 것이기 때문에 V의 작용이 되는
것이 아니라, 오히려 정반대이다. 즉 E는 V가 E의 원인이었기 때
문에(그리고 이 원인을 대체할 수 있는 행태가 이루어지지 않았기 때문에)
V가 없었더라면 발생하지 않았을 것이다. 이미 오래전에 주장되었
지만 반향이 없었던[45] 이러한 통찰은 최근에 다시 지지를 받고 있
다고 보인다.[46] 이 현상은 조건설 자체뿐만 아니라, 조건설의 인과

44　동일한 또는 본질적으로 유사한 형태의 재난이 행위자의 범죄적 행태가
　　없었더라도 발생했을 가능성이 있는 경우에 입법론적으로 형벌감경사유
　　를 인정해야 하는 것이 바람직한지는 완전히 다른 문제이다. 이 문제에
　　관해 전적으로 찬성해서는 안 될 것이다. 물론 경우에 따라 어차피 침해
　　를 막을 수 없었던 범행객체의 가치가 감소되었다는 관점에서 형벌감경
　　을 인정할 수 있다.

45　이에 관해서는 예컨대 Huther, Über Kausalzusammenhang, ZStW
　　17(1897), 189면 이하; Krückmann, Das juristische Kausalproblem als
　　Problem der passendsten Fiktion, ZStW 37(1916), 357면 이하; Köhler,
　　Deutsches Strafrecht, 1917, 188면 이하 참고.

46　이에 관해서는 Leonhard, 앞의 책(각주 26), 145-146면, 162면 이하; v.
　　Hippel, Deutsches Strafrecht, Band II, 1930, 137면 이하 참고. 물론 두

관계 개념을 제한하는 것을 목표로 삼고 있는 다른 모든 인과관계 이론들도 이론적 통찰의 기초로 삼고 있다는 점을 고려한다면 더욱더 주목해야 할 현상이다.

조건공식이 인과적 관계 자체를 포착하고 있지는 않다는 점은 이 공식 자체로부터도 분명하게 확인할 수 있다. "문제되는 행위가 없었더라도 결과가 발생했을까?"라는 물음은 도대체 무슨 의미일까? 조건공식에 따른 물음을 제기하면, 일정한 시점에서 행태에 뒤이어 진행된 실제 과정과 이 행태를 제외한 선행조건들을 기초로 생각해야만 하는 진행과정을 서로 비교해야 한다. 그러나 이 후자의 진행과정을 구성하는 것은 오로지 인과성 범주를 기초로 할 때에만 가능한데, 이 범주 자체의 의미에 관해서는 조건공식은 아무 것도 말해 주지 않는다. 왜냐하면 **조건공식**이 갖고 있는 의미는 인과성 범주에 연결된 특수한 의미이긴 하지만, 이 범주와는 다른 의미이기 때문이다. 이 점을 고려하면, 앞에서 거부했던 추상적 결과

사람은 ─ 앞에서(각주 45) 언급한 후터와 마찬가지로 ─ 조건공식과 관련해 **추상적** 결과 고찰 방식에 기초하고 있고, **구체적으로** 결과를 규정함으로써 등장하는 가능성들을 남김없이 고찰하지는 않는다(물론 히펠의 경우에는 이 점이 명확하게 나타나 있지는 않다. 왜냐하면 단순히 '그 결과'라고만 언급하고 있기 때문이다. 하지만 이는 히펠이 139면 각주 9에서 언급한 내용에 비추어 확인할 수 있다. 여기서 히펠은 '없어서는 안 될 조건'을 결정적 조건이라고 보는데, 결정적 조건은 오로지 추상적으로 결과를 규정할 때에만 존재할 수 있는 것이다. 이에 관해서는 뒤의 115면 이하 참고). 히펠이 140면에서 타당하게 언급하고 있듯이, 제국법원 판례는 이 문제와 관련해 매우 불명확하다. 이에 관해서는 앞에서 언급한 판결집 제2권 404면 이하와 제22권 325면 이하에서 드러난 경향 및 최근의 판결집 제63권 211면 이하 판결(213/214면)에서 드러난 경향 참고. 이 점에서도 결과를 어떻게 규정할 것인지에 관해 분명한 태도를 취하는 것이 실무에서도 얼마나 중요한지를 알 수 있다.

규정도 상대적으로는 옳다는 사실이 드러난다. 추상적 결과 규정은 실제 진행과정과 가설적 진행과정을 비교하고, 이때 법학적 관점에서 충분한 근거를 갖고 양자 사이의 어떤 차이를 **평가**(우리가 일상생활에서도 스스로 야기한 재난 상황에서 그 재난이 '어차피' 발생했을 것이라고 생각하면서 마음의 평온을 되찾으려 시도하고 짧은 시간적 차이 등은 고려하지 않는 것과 마찬가지이다)하기 때문에 조건공식을 이 공식의 직접적 의미에 따라 사용한다. 다만 추상적으로 결과를 규정할 때 조건공식과 문제되는 인과적 관계 사이의 불일치가 너무나도 분명하게 드러나기 때문에 구체적으로 결과를 규정하는 것이 필요하다고 생각하게 된다. 물론 이렇게 구체적으로 결과를 규정한다고 해서 조건공식과 인과적 관계 사이의 불일치가 제거되는 것은 아니고, 단지 드물게 발생하는 한계사례에서만 이러한 불일치가 분명하게 드러나도록 만들 뿐이다. 하지만 문제가 드물게 발생한다고 해서 인과성 자체를 어떻게 이해해야 하는지를 밝힐 필요가 없어지는 것은 아니다. 조건공식은 인과성 범주에 대해 단지 하나의 징표를 제공해 줄 뿐이다(더욱이 이 징표가 언제나 믿을 만한 징표인 것은 아니며, 추상적인 결과 규정과 내재적으로 연결되어 있기 때문에 난관에 봉착하게 만들 수도 있다).

하지만 (레온하르트Franz Leonhard와 히펠Robert von Hippel이) 조건공식을 대체하기 위해 제안한 인과관계의 개념규정이 완전히 만족스러운 것은 아니다. 레온하르트는 "두 가지 사건들의 순서를 일반규칙에 따라 설명해 주는 관계를 인과관계로 이해"한다.[47] 문구의 의미를 고려하면 이는 우리가 취하는 견해와 유사하다. 그러나 레

---

47 이 밖에도 이미 이와 같은 주장을 하고 있는 Liepmann, 앞의 책(각주 26), 50면 이하 참고.

온하르트는 자신의 신념에 따라 '심리적인' 방식으로 설명하고, 원인 개념을 법적 필요성에 맞추어 조정하며,[48] 이로써 우리가 아직은 벗어나지 않고자 하는 순수한 조건설의 토대를 벗어나려고 노력한다. 이에 반해 히펠은 조건설에 대해 다른 관점을 갖고 있다. 그는 행위와 결과 사이의 인과적 관계를 특정하기 위해 경험 속에 이미 주어져 있다고 보는 힘(Kraft) 개념과 작용 개념을 사용하면서, 부리에게서 찾아볼 수 있는[49] 원래 형태의 조건설로 회귀한다. 하지만 이렇게 함으로써 히펠은 — 그 자신은 결코 피해갈 수 없는 — 비학문적인 사고방식, 즉 흄이 인과관계 개념을 비판한 이래로 매우 문제가 많다고 여겨지는 사고방식을 신봉하게 된다. 물론 우리가 우리의 내면 자체에서 심리적 또는 물리적 작용들의 원인인 힘의 작용을 경험하는 것인지 아니면 어떤 현상이 다른 현상으로부터 생겨난다는 것이 우리의 내면에서는 어떤 다른 방식으로 이루어지는 것인지는 완전히 해명되지 않은 물음이다.[50] 그렇지만 한 가지 확실한 것은 우리가 **공간적 외부세계**에서 힘이 작용하고 원인으로부터 작용이 발생하는 것을 '체험'할 수는 없고, 기껏해야 유추를 통해 다른 식으로 확인되는 인과관계 속에서 그와 같은 작용들을 해석해 낼 수 있을 뿐이라는 점이다. 그러나 형법에서 행태와 결과 사이의 인과관계 문제는 대부분 공간적 외부세계 내에서 일어나는 과정을 대상으로 삼기 때문에, 우리는 현상을 체험한다는 의미로 작용과 야

---

48 이에 관해서는 예컨대 Leonhard, 앞의 책(각주 26), 163면 이하 참고.
49 이에 관해서는 인과성에 관한 책(각주 25)의 유명한 서두를 참고.
50 이에 관해서는 예컨대 Traeger, 앞의 책(각주 15), 35면; v. Aster, Prinzipien der Erkenntnislehre, 1913, 277면 이하; Haering, Philosophie der Naturwissenschaften, 1923, 137면 이하; Brentano, Versuch über die Erkenntnis, 1925, 34면 이하 참고.

기의 개념들을 사용할 수는 없고, 우리가 실제로 인과성(조건관계)을 확인할 수 있도록 이 개념들을 다른 방식으로 규정해야 한다.[51]

특별히 이러한 목표를 염두에 두면, 내 생각으로는 자연적 고찰방식과 학문적 고찰방식 모두를 위해 충분하고, 이 점에서 법률도 염두에 두고 있다고 볼 수 있으며, 더 나아가 정확하게 이해된 조건설의 기초를 이루고 있고, 소송절차에서 감정인들이 묵시적으로 전제하는[52] 인과관계 개념은 무엇보다 자연과학적이고 '철학적'이며 비형이상학적인 (논리적) 원인 개념에서 찾을 수 있을 것 같다. 이러한 인과관계 개념을 형법적 인과관계 문제에 맞추어 변형하면 예컨대 다음과 같은 공식으로 전개할 수 있다.

하나의 행태에 — 일단 적극적 행위인 작위만을 고려하면 — 시간적으로 뒤따르는 외부세계의 변화들이 연결되어 있었고, 이 외부세계의 변화들이 이 행태와 (자연)법칙적으로 결합되어 있었고 또한 변

---

51 형법의 인과관계 이론에서 힘의 개념과 형이상학적 작용 개념을 사용하는 것에 대한 비판을 중점적으로 다루는 글로는 Genzmer, Der Begriff des Wirkens, 1903과 Kollmann, Die Bedeutung der metaphysischen Kausalitätstheorie für die Strafrechtswissenschaft, 1908이 있다. 겐츠머는 마하(Ernst Mach)를 원용하면서 인과관계 개념을 기능 개념으로 대체하려고 한다(11면). 이러한 노력에 대해서는 Wundt, Logik, 4. Aufl., 1919, 597면 이하; Erdmann, Logik, 3. Aufl., 1923, 533면 각주 2; Maier, in: Sigwart, Logik, 5. Aufl., 1924, II, 829면 참고. **물론 작용 개념은 비형이상학적으로 이해된 야기 개념과 동의어로서 별 문제가 없고**, 따라서 이 한도 내에서 아래에서도 이 용어를 사용한다. 형이상학적 인과관계 사고로 회귀하려는 최근의 견해는 Sauer, Strafrechtliche Probleme in monadologischer Betrachtung. Ein Beitrag zur Rechtsmonadologie, Der Gerichtssaal 100(1931), 178면 이하 참고.

52 이 점은 예를 들어 v. Hippel, 앞의 책(각주 46), 149면 각주 4에 나오는 예 참고.

화들의 선후과정들이 서로 (자연)법칙적으로 결합되어 있었으며, 이 변화들이 형법전에 결과로 규정되어 있는 구체적 사안의 어떤 구성부분으로 이행되었다면, 이 행태는 특정한 형법 구성요건이 규정하고 있는 구체적 결과의 원인이다(조건공식에 대립되는 합법칙적 조건공식).

이 합법칙적 조건공식의 의미를 더욱 분명히 밝히고 동시에 이 공식을 형법적으로 중요한 생활현상에 적용할 가능성을 향상시키려고 시도해 보자.

a) 행태의 작용이 "시간적으로 뒤따른다"고 지칭했는데 이는 직접적으로 선후 관계에 있는 변화들의 경우 원인이 완결되는 것과 동시에 작용도 시작된다는 사실과는 관계가 없다.[53] 이를 역설이라고 생각할 수도 있겠지만, 언제나 일정한 시간을 요구하는 원인 발생이 원인이 작용하기 전에 시작되고, 이 점에서 원인은 작용보다 시간적으로 앞선다는 것을 감안하면 이 역설은 해소될 것이다.[54] 우리가 여기서 최근 들어 빈번하게 논의되는 시간적 순서와 인과성 사이의 관계라는 문제를 다룰 필요는 없다.[55]

b) 행태, 그 이후의 변화 그리고 결과 사이의 합법칙적 관계의

---

53 이에 관해서는 Kant, Kritik der reinen Vernunft에서 설명하고 있는 두 번째 '경험유비(Analogie der Erfahrung)' 참고[모든 변화는 원인과 결과를 연결하는 법칙에 따라 발생한다 — 옮긴이].

54 이에 관해서는 Becher, Einführung in die Philosophie, 1926, 119면; Wundt, 앞의 책(각주 51), 587면 이하 참고.

55 이에 관해서는 Wenzl, Das naturwissenschaftliche Weltbild der Gegenwart, 1929, 95면 이하와 Bergmann, Der Kampf um das Kausalgesetz in der jüngeren Physik, 1929, 10면 이하 참고.

내용은 다음과 같이 조금 더 자세히 서술할 수 있다. 즉 시간적으로 뒤에 이어진 현상들은 자연법칙에 따라 이보다 시간적으로 앞선 현상이 발생한 이후에 발생한 현상이다. 예를 들어 A와 B가 동시에 C에게 총을 쏘았는데, A가 발사한 총탄만이 B의 몸에 맞았다면, 그 이후에 발생한 C의 사망은 B에 의해 발사된 총탄으로 인해 초래된 것이 아니다. 왜냐하면 사망은 합법칙적으로 뒤따르는 것으로서 신체를 비켜 지나간 총탄과 연결되지 않기 때문이다. 물론 이는 ─ 앞에서는 묵시적으로 전제하지 않았지만 ─ C가 A와 B의 총격에 놀란 나머지 공포심 때문에 사망한 것이라고 인정될 수 있는 경우라면 달라진다. 이 경우에는 시간적으로 앞선 현상과 시간적으로 나중에 해당하는 현상 사이의 합법칙적 관계가 인정된다.

c) 이 후자의 사례에 비추어 보더라도 문제되는 행태에 이어서 발생하고, 구체적인 결과로 이행되는 변화들의 합법칙적 연관성에 관한 물음은 개별 사례에서 등장하는 매우 개별적인 사정을 고려해 심사해야 한다는 것을 알 수 있다. 이러한 사정을 빨리 또는 늦게 인식하게 되는지, 특히 이러한 사정이 범행시점에 이미 존재했고 또한 인식할 수 있었는지는 심사의 결론과 관련해서는 아무런 차이가 없다. 즉 사후에야(ex post) 알려졌고 인식할 수 있게 된 사정을 포함한 모든 사정은 행태와 결과 사이의 합법칙적 연관성의 물음에서 어떤 식으로든 의미를 갖는다면 모두 고려되어야 한다. 합법칙적 관계를 확정하는 데에 중요한 사정이 해명될 수 없다면, 그 결과는 증명불가(non liquet)일 수밖에 없다. 예컨대 앞의 b)에서 언급한 사례의 B와 관련해 C가 A와 B의 총격으로 놀랐는지 여부가 확인될 수 없는 경우를 생각해 볼 수 있다. 또한 (실무에서 등장한) 다음과 같은 사례에서도 인과성은 증명될 수 없다. 어떤 의사

가 임산부에게 허용되지 않는 임신중절시술을 했는데 이 시술에 이어 곧바로 유산되지 않고 몇 주가 지나고 나서 임신부가 넘어지고 난 후에 유산이 발생한 경우, 그 이후에 태아의 사산 자체와 합법칙적 조건관계에 놓인 신체적 변화에 의사의 시술이 연결되어 있었는지 여부를 확인할 수 없었다. 이 모든 점들을 강조하는 것은 특히 더 중요한데, 그 이유는 조건관계의 확인과 ― 나중에 다루게 될 ― 행태와 결과 사이의 상당성 관계를 확인하는 것 사이에는 커다란 차이가 있기 때문이다.

d) 행태와 결과 사이의 조건관계를 확인할 때 매우 구체적인 사정들을 기초로 삼아야 하기 때문에 언제든지 수정의 필요성이 있다는 점을 고려해야 하고, 수정을 할 때에는 오로지 법칙만이 적용되어야 한다. 또한 합법칙성의 문제는 하나의 개별 법칙에 비추어 대답할 수 있는 경우는 드물고, 오히려 개별 사례를 판단하기 위해 결합되어야 할 다수의 법칙들에 비추어서만 대답할 수 있는 것이 일반적이다. 예를 들어 갈릴레이 낙하법칙의 순수한 형태는 오로지 진공 상태에서만 타당하다는 사실은 이미 잘 알려져 있고, 형법적으로 중요한 의미가 있는 사건에 대해서는 전혀 적용될 수 없다. 또한 광대버섯은 각각 그 버섯을 섭취하는 사람의 신체적 특성에 따라 건강에 해로울 수도 있고 아닐 수도 있으며, 급격하게 브레이크를 밟아 자동차가 회전하면서 미끄러졌는지를 조사할 때에는 다수의 물리법칙이 고려되어야 한다.[56]

e) 이 모든 경우에 토대가 되는 법칙 자체의 개념은 법칙이 시간적인 관점에서 순차적으로 일어나는 현상들을 대상으로 하는 이

---

56 이에 관해서는 v. Aster, 앞의 책(각주 50), 303면 이하; Sigwart, 앞의 책(각주 51), 500면 이하 참고.

상, 가장 넓은 의미의 자연법칙을 의미한다. 이 자연법칙의 내용과 관련해서는 판단 시점에서 이용할 수 있는 가장 높은 수준의 지식이 기준이 된다. 여기서 자연법칙을 필연성의 법칙으로 이해해야 하는지 아니면 개연성(확률)의 법칙으로 이해해야 하는지에 대해서는[57] 여기서 입장을 피력할 수 없다. 다만 조건관계를 심사할 때 자연법칙은 최대한 정확하고 엄격하게 적용해야 한다는 점만을 강조하고자 한다. 이 맥락에서 만일 개연성 관계를 법칙으로 고려한다면, 이때의 개연성 관계는 상당성이론이 어떤 의미에서는 **자의적이고 부정확하게** 규정하고 있는, 행태가 갖는 일정한 경향을 탐구할 때 염두에 두고 있는 개연성 관계를 의미하지 않는다. 더 나아가 선후 관계에 있는 현상들 사이의 법칙적 관계는 단순히 관찰되는 현상들의 반복적 연쇄와 완전히 동일한 것은 아니라는 점도 강조할 필요가 있다. 전장에서 사람들이 (수류탄의 파편으로부터 자신을 보호하기 위해) 바닥에 엎드린 이후에야 비로소 수류탄이 터졌다는 것이 계속 관찰될 수 있다고 할지라도, 사람들이 바닥에 엎드린 것은 수류탄 폭발에 대한 합법칙적 선행조건이 아니다. 자우어(Wilhelm Sauer)는 이러한 생각을 다음과 같이 표현한다. "무엇인가가 필연적이라고 판단을 내리는 자는 사실 자체에 근거하는 필연성을 발견해야 한다."[58] 하지만 이 표현에서 "사실 자체에 근거하는 필연

---

57 이에 관해서는 Wenzl, 앞의 책(각주 55), 91면 이하; Bergmann, 앞의 책 (각주 55), 30면 이하; Reichenbach, Kausalität und Wahrscheinlichkeit, Erkenntnis 1(1930), 158면 이하 참고.

58 Sauer, Grundlagen des Strafrechts, 1921, 414면. 또한 Sauer, 앞의 논문 (각주 51), 179면 이하도 참고. 이 밖에도 Leonhard, 앞의 책(각주 26), 157면; J. S. Mill, System der deduktiven und induktiven Logik, 1873, 제3권 5장 § 6; Erdmann, Über Inhalt und Geltung des Kausalgesetzes, 1905, 16면 이하; Wundt, 앞의 책(각주 51), 579면; Krückmann, 앞의 논

성을 발견해야 한다"는 말이 정확히 무슨 의미인지가 확실하지 않다. 왜냐하면 이와 같은 필연성을 자연적 대상에서 곧바로 지각할 수는 없기 때문이다. 아마도 다음과 같이 말할 수 있을 것이다. 즉 현상들이 이어지는 순서의 법칙성이 단순히 지각이 아니라, 경험에 비추어 볼 때 존재하는 경우 이와 같은 법칙성은 사실 자체에 내재한다고 볼 수 있다. 왜냐하면 엄밀한 의미의 경험은 다양한 지각들 상호 간의 관계를 설정하고, 이러한 지각에 기초한 개개의 판단을 다른 경험적 확인을 통해 수정하며, 이렇게 해서 사실로 이루어진 객관적 세계를 구축(構築)하기 때문이다. 우리가 예로 든 수류탄 사례에서 언급한 인과적 판단은 바닥에 엎드리는 것과 수류탄이 폭발했다는 것의 순서에 대한 관찰에 근거한 것이 **아니다**. 왜냐하면 우리가 '진정한' 연관성을 알게 되면 완전히 다른 법칙적 관계가 객관적으로 타당하다는 것을 알 수밖에 없기 때문이다. 또한 이와 관련해 흔히 언급되는 다른 예들의 경우(낮이 오고 그 다음에 밤이 온다고 해서 낮이 밤의 원인인 것은 아니다)도 마찬가지이다. 하지만 이런 인식비판적인 문제들은 여기서 더 이상 자세히 다룰 수 없다.

이 지점에서 내게 더 중요하게 여겨지는 문제는 다음과 같은 반론이다. 즉 시간적으로 이어지는 현상들의 순서와 관련된 **법칙성**을 확인하기 위해서는 조건공식에 대한 의문이 해결될 것을 전제해야 한다는 반론을 제기할 수 있다. 법칙을 확인하기 위해 가장 자주 사용되는 엄밀한 방법은 실험이다. 실험을 하는 경우 나는 대개 복합적인 사실(K)을 한 번은 원인의 관점에서 관심을 끄는 요소 U와 연결시켜, 다른 한 번은 U를 배제하고 U에 뒤따른 현상을 탐구한

문(각주 45), 362면 이하도 참고.

다.[59] 이제 어떤 후속 현상들(F)이 K에만 연결되는 것이 아니라, U와 결합해서만 K에 연결되는 경우 나는 U를 이 후속 현상의 원인이라고 부른다. 하지만 이는 곧 F가 ― K를 전제한 상태에서[60] ― U가 없다면 존재하지 않는다는 뜻이 아닐까? 그리하여 "F는 U가 없다면 존재하지 않는다"는 명제는 결국 조건공식으로 귀결되는 것은 아닐까? 그렇지 않다! 무엇보다 "K는 U와 결합해서만 F에 작용한다"는 명제를 K가 요소 U와 결합하는 것 이외의 다른 결합으로는 결코 F를 유발하지 않는다는 식으로 해석해서는 안 된다. U와는 여러 측면에서 다르지만 K와 연결되어 후속 현상들인 F로 이르러 갈 수 있다는 점에서는 U와 똑같은 속성을 지닌(이 점에서 U와 함께 같은 집합 U_x를 형성하는) 다른 요소들 U_1, U_2, U_3 등도 얼마든지 생각해 볼 수 있다. 따라서 "동일한 원인이 동일한 결과를 갖는다"는 명제를 "동일한 결과는 동일한 원인을 갖는다"로 도치시켜서는 안 된다. 물론 이렇게 명제를 도치시키는 것이 (인과적 원칙을 토대로) 특정한 결과는 원인들(U_x)을 갖고 있고, 이 원인들은 **바로 이** 결과를 야기한다는 점에서는 모두 동일하다는 단순한 의미만을 포함

---

59 이것이 밀(Mill)이 실험의 가장 중요한 방법이라고 명명한 소위 차이의 방법론이다. Mill, 앞의 책(각주 58), 제3권 8장 참고. 여기서 내가 실험에 관한 이론을 제시할 수 없다는 것은 너무나도 자명하다. 그 대신 합법칙적 조건공식과 조건공식 사이의 관계를 분명히 밝히기 위해 극히 단순한 실험도식을 사용하기로 한다. 이에 관해서는 예컨대 Wundt, 앞의 책(각주 51), 392면; Sigwart, 앞의 책(각주 51), 480면 이하 참고.

60 여기서 그리고 아래의 서술에서 U에 의해 F에 작용이 가해지는 것과 관련해 K가 전제될 때는 당연히 실험자가 발견했거나 또는 출발점으로 삼는 복합적 사실들 가운데 중요한 의미가 있는 요소들만을 염두에 두며, 이 요소들은 U 자체도 그렇듯이 선별을 거쳐야 한다. 이러한 선별이 과연 똑같은 방식으로 이루어지는지 아니면 서로 다른 방식으로 이루어지는지는 여기서 논의하지 않겠다.

할 때에는 도치를 해도 무방하다. 따라서 "K는 U와 결합해서만 F에 작용한다"는 명제의 소극적 의미는 K가 U와의 결합 이외의 다른 결합을 통해서는 F에 도달하지 못한다는 것이 아니라, 복합적 사실 K가 실험에서 U를 도입하기 전에 설정된 대로라면 그 자체만으로는 F에 도달하지 못한다는 것이다. 물론 이로부터 곧장 또 다른 결론이 도출된다. 즉 "F는 K를 전제로 할 때 U가 없다면 존재하지 않는다"는 실험적 명제는 K의 속성이 U가 됐든 U와 같은 의미로 작용하는 U_1, U_2 … 이 됐든 K에는 포함되어 있지 않거나 내재해 있지 않다는 의미와 선험적으로 결합되어 있다. 이에 반해 조건공식에서는 ― 우리가 이미 보았듯이 ― 내가 원인이 될지도 모른다고 관심을 갖고 있는 행태 U를 빼놓고 생각하면, U 이외에 남아있는 복합적 사실 K 안에 생각에서 제외했던 행태와 동일한 작용을 하는 어떤 원인 U_x가 들어 있고, 그 때문에 생각에서 제외했던 행태 U의 원인성을 부정하게 되는 오류가 발생할 수 있다. 더 나아가 실험을 통해 획득된 확인, 즉 K는 U와 결합해서만 현상들 F에 작용한다(F는 U가 없다면 존재하지 않는다)는 확인은 그 의미상 실험자가 실험을 하는 바로 그 시점에서 직접 관찰하는 현상들과 관련을 맺는 것이 아니라, 동일한 속성을 가진 현상들의 집합과 관련을 맺으며, 따라서 이러한 확인은 ― 간단하게 말하면 ― 하나의 법칙을 표현한다(잘 알려져 있듯이 이로부터 귀납의 문제점이 발생한다). 그렇기 때문에 법적으로 판단해야 할 구체적 사례로부터 "F는 U가 없다면 존재하지 않는다"는 추상적인(!) 명제로 거슬러 올라가는 것은 포섭(Subsumtion)의 의미를 지닌다. 즉 하나의 구체적 행태가 실험에서 도입된 요소와 **같은 종류**에 속하고, 실험에서 전제된 복합적 사실과 **같은 종류**의 복합적 사실에 포함되어 있으며, 구체적인 후속 현상들이 실험에서 확인된 후속 현상들과 **같은 종류**라면, 이 구체적 행태는 특정한 후속 현상들의 원인이다. 어떤 구체적인 선후 과정이 '(합)법칙적'이라는 확인이 의미하는 내용도 바로 이 점이다. 이와는 반대로 조건공식은 — 우리가 이미 살펴보았듯이 — 직접적으로 구체적인 사례를 끌고 들어와서, 이 사례에서 원인으로 관심을 끄는 행태를 빼놓고서 생각할 때 어떻게 될 것인지를 밝히려고 노력한다. 이와 같은 관점에서 보게 되면 그 자체 명백히 원인이 되는 행태 대신에 같은 시점에 U_x 집합에 속하면서 동일한 결과를 초래했을 다른 행태를 예상할 수 있었고 또한 실제로 원인이 되는 행태가 발생해 이 다른 행태에 의해 동일한 결과가 초래되는 것이 저지되지 않았다면 명백히 원인이 되는 행태의 인과관계는 부정될 수밖에 없다. 합법칙적 조건공식이 조건공식에 대립되는 본질적 측면은 바로 이 지점이다. 즉 합법칙적 조건공식은 단지 구체적 현상이 자연법칙에 포섭될 수 있는지를 물을 뿐이고, 문제되는 행태를 빼놓고 생각할 때 구체적으로 무엇이 발생하였을 것인지에 대해서는 묻지 않는다.[61]

f) 내 생각으로는 조건에 대한 우리의 개념정의는 하나의 행태에 의해 일정한 **상태**(Z)가 만들어지고, 이 상태 때문에 곧 피해자 자신이나 제3자 또는 자연현상이 구성요건결과로 이행될 변화들을 초

---

61 Felix Kaufmann, Die philosophischen Grundprobleme der Lehre von der Strafrechtsschuld, 1929, 78면 이하 참고. 카우프만은 철학을 기초로 조건 개념을 올바로 해석하지만, 그 자신의 개념정의가 조건공식에 대립된다는 점을 의식하지 못하고 있다. 다른 한편 나로서는 개별 사례의 인과성이 결코 존재하지 않는다는 그의 주장에 동의할 수 없다. 자연법칙을 구체적인 연쇄에 적용하면 개별 사례의 인과성이 결과로 도출되는 것은 법률의 범죄구성요건들을 구체적인 범행에 적용하면 개별 범죄가 결과로 도출되는 것과 마찬가지이다.

래하는 사례들도 포괄한다. 앞에서 언급한 사례, 즉 누군가가 배수관의 덮개를 열어 놓았고(Z), 그 다음에 피해자가 이 배수관에 빠지거나 또는 누군가가 문을 열어 두었고(Z), 이 문을 통해 피해자가 사고지점으로 가는 경우가 여기에 해당한다. 이 밖에도 누군가가 피해자가 내린 본래의 결심을 변경시키거나 물리적으로 그의 거동의 자유를 빼앗아 일정한 장소에 붙잡아 두었는데(Z), 이곳에서 제3자 (책임이 있든 없든) 또는 자연재해(지진, 화재)가 결과를 야기하는 사례도 생각해 볼 수 있다. 이 두 사례에서 일정한 시간적 간격이 존재한다고 할지라도(배수관 덮개가 열려져 있다고 곧장 무언가가 발생하는 것은 아니다) 어쨌든 합법칙적으로 결합된 변화들이 서로 연결된다. 내 생각에 **법률가**가 엄격한 의미의 야기, 가능하게 함, 유발, 유도 등을 구별해야 할 필요는 없다.[62] 법률가에게는 구성요건결과에 대한 영향을 지각할 수만 있다면 모든 형태의 원인은 의미가 있다.

g) 우리의 원인 개념은 하나의 행태가 이 행태에 뒤이어 구성요건적 결과가 발생하는 것을 저지할 수 있었을 정도의 원인관계에 도달하지 못했다는 점에서만 구체적인 구성요건적 결과와 인과적으로 결합되는, 상당히 자주 발생하는 사례에 대해서도 적용할 수 있다. 이 지점에서 우리는 '부작위를 통한 작위범'에서 다시 다루게 될 현상에 접근하게 된다.[63] 예컨대 전철수가 마취되거나 포박되

---

62 이와 반대되는 Huther, 앞의 논문(각주 45), 191면 이하; M. E. Mayer, 앞의 책(각주 8), 26면 이하; Riehl, Philosophie der Gegenwart, 3. Aufl., 1908, 125 이하; Wundt, 앞의 책(각주 51), 586면 이하 참고. 비판적인 Traeger, 앞의 책(각주 15), 101면 이하 참고.

63 나로서는 **인과관계** 문제가 이와 같은 사례유형에서도 작위범과 동일하다고 생각한다. 단지 위법성의 관점에서 차이가 존재할 뿐이다. 왜냐하면

어 있어서 전철기를 조작할 수 없게 되는 사례를 생각해 볼 수 있다. 또한 물에 빠져 익사할 수도 있는 사람을 구하려고 마음먹은 사람을 붙잡아 두는 사례도 생각해 볼 수 있다.[64][65] 우리가 이론적으로 거부하는 조건공식과 마찬가지로 우리의 개념정의도 이와 같은 사례들을 해결할 수 있다. 즉 문제되는 행태에 이어진 변화들은 일단 자연법칙에 따르면 소극적(부정적) 요인, 다시 말해 전철수[66]나 구조자의 배제를 낳는다. 그러나 우리는 이 사람들이 조작이나 구조에 적합한 행태를 통해 시간적으로 나중에 발생하는 일정한 변화(기차 충돌, 익사)를 저지할 수 있었다고 말할 수 있기 때문에,[67] 이 사람들을 배제한 행위(부정의 부정, 다시 말해 결과방지의 부정)와 구성요건결과가 서로 합법칙적 관계에 있고, 따라서 인과성을 심사해야 할 행태와 결과 역시 서로 합법칙적 관계에 놓여 있다. 그렇기 때문에 우리는 다음과 같이 말할 수 있다. 즉 **모든** 구체적인 결과의 발생은, 경험법칙에 비추어 볼 때 결과를 **배제하는** 일정한

부작위의 경우에 적극적으로 행위를 해야 할 특별한 법적 의무가 증명되어야 하기 때문이다. 이에 관해서는 뒤의 3. 참고.

64 이 경우에는 흥미롭게도 도움을 주려고 하는 자에게 구조의무가 있었는지 여부는 중요하지 않다.

65 그 밖의 예들은 Graf zu Dohna, Übungen im Strafrecht und Strafprozeßrecht, 1929, 78면 5번과 제국법원 판결집 제64권 263면 이하 참고.

66 우리의 전철수 사례(앞의 26면 이하)에서는 그의 행위 가능성에 대한 차단이 마취와 포박이라는 두 가지 측면에서 이루어졌다. 마취와 포박이라는 행동방식 모두 시간적으로 볼 때 나중에 전철수가 움직이지 못하게 되는 결과를 합법칙적으로 낳은 것이기 때문에, 이와 같은 소극적 요소가 두 가지 측면에서 야기된 것이다. 이와 다른 견해로는 Mezger, 앞의 책(각주 21), 116면 각주 21 참고.

67 이 점에서 이 사례와 관련해 가정법(Irrealis)을 피할 수 없다.

소극적(부정적) 조건이 존재하지 않는다는 것과 합법칙적으로 결합되어 있다. 이 점에서 통상의 경우라면 존재하고 있는 소극적 요인을 배제하는 변화를 야기한 자의 행태는 저지되지 않은 구체적 결과의 발생과 합법칙적 관계에 있는 변화에 작용한 것이다.

지금까지의 설명을 통해 충분히 해명한, 행태와 결과 사이의 원인관계는 일단 **공간적** 외부세계의 변화에 초점이 맞추어져 있었다. 그러나 법률의 구성요건에는 심리적 '외부세계'에서의 작용도 규정되어 있다. 교사나 심리적 방조의 경우 예컨대 행위자가 정범의 정신적 과정에 영향을 미쳐 정범에게 범죄를 결심하도록 만든 사례가 여기에 해당한다. 그러나 이와 같은 영향은 정범 자신에게는 자기지각의 방법으로 그리고 외부자에게는 감정이입과 이해를 통해 인식할 수 있는 것처럼 보이고, 그 때문에 아마도 '형이상학적' 작용 개념을 도입해야 하고, 합법칙적 조건공식은 배제해야 할지도 모른다. 그럼에도 불구하고 나는 합법칙적 조건공식이 이와 같은 경우에도 계속 유지될 수 있다고 생각한다. 왜냐하면 적어도 결정론적 관점에서는 교사범 또는 방조범의 행태와 정범의 심리적 현상 사이의 합법칙적 관계를 주장할 수 있기 때문이다. 내가 보기에는 '감정이입'과 '이해'는 오로지 일정한 성격(다른 사람으로부터 쉽게 영향을 받는, 탐욕적인, 소심한, 활달한 등)을 지닌 사람이 일반적으로 또는 최소한 평균적으로 드러내는 통상의 특수한 심리적 반응을 전제할 때에만 가능하다. 실제로 법관은 흔히 '감정이입'이 없이도 경험을 통해 얻은 심리적 법칙을 기초로 정신적 작용관계에 관한 확신을 형성할 것이다. 이러한 정신적 작용관계가 자기지각의 경우에도 인식될 수 있는지는 여기서 자세히 논의하지 않겠다.

3. 부작위의 인과성

우리가 밝힌 조건 개념에 따르면, 어떤 결과가 특정한 행태와 일련의 변화를 통해 합법칙적으로 결합되어 있다면 이 행태는 결과의 원인이 된다. 이러한 조건 개념은 일단 적극적 작위, 즉 일정한 방향으로 에너지를 투입하는 행태, 특히 특정 형태의 신체적 거동을 실행한다는 의미의 행태에 관련된 것이었다. 하지만 행태의 개념에는 어떤 것을 하지 않는 것, 일정한 방향으로 에너지를 투입하지 않는 것, 특히 특정한 형태의 신체적 거동을 실행하지 않는 것으로서의 부작위도 포함된다.[68] 우리는 이미 앞의 2. g)에서 몇 가지 짤막한 언급을 통해 부작위도 구체적 결과와 인과관계에 놓일 수 있는가라는 문제를 살펴보기 위한 준비 작업을 거친 셈이다. 부작위가 형법적으로 문제되는 범죄는 진정 부작위범과 부진정 부작위범으로 나누어 볼 수 있다. 여기서는 먼저 주로 문제가 되는 부진정 부작위범(부작위를 통한 작위범이라고도 한다)을 살펴보기로 하자. 부진정 부작위범의 특징은 초래되지 않도록 금지되어 있는 결과가 (금지에 반해) 무언가가 실행되지 않음으로써, 즉 무언가를 하지 않음으로써 실현된다는 점이다. 예를 들어 엄마가 아이에게 밥을 주지 않아 금지규범에 반해 자녀를 죽이거나 전철수가 전철기를 조작하지 않아 기차의 충돌을 초래하는 경우가 여기에 해당한

---

68 신체적 거동을 하지 않는 것이 (자주 그렇듯이) 정신적 능력의 발휘에 기초하는 이상, 거동을 하지 않는 것도 적극적인 정신적 작위를 통해 야기되는 것이지만, 그럼에도 불구하고 신체적 거동이 없다는 측면에서는 여전히 부작위이다. 부작위 개념은 상대적이고 유동적인 것이지, 결코 절대적이고 불변의 것은 아니다(후자의 경우라면 부작위는 미동도 하지 않는 것, 신체가 멈춘 것만을 의미할 것이다).

다. 이때 문제는 무언가를 하지 않는다는 원인으로부터 어떤 적극적인 결과, 즉 지각 가능한 외부세계의 변화에 작용할 수 있는가이다. 무(無)로부터는 아무것도 생기지 않는다(ex nihilo nihil fit)! 이 문제를 올바르게 해결하기 위해 지금까지 엄청나게 많은 노력을 기울여 왔다. 즉 시간적 측면에서 부작위에 수반되는 작위나 부작위에 앞선 작위를 원인으로 증명하려고 시도하기도 했고 또는 결과 발생을 방지할 수 있는 행위를 하려는 의지적 충동을 억누르는 것이나 이와 유사한 적극적 요소를 원인으로 입증하려고 시도하기도 했다. 이러한 노력에 대한 매우 타당한 비판[69]의 결론은 부작위의 인과성을 부정해야 한다는 것이고, 경우에 따라서는 부작위를 언제나 인과관계와 유사하게만 다루어야 한다는 것 또는 이와 비슷한 내용의 다른 표현들을 추가한다.[70] 하지만 사실상 이 문제는 조건설의 관점에서는 매우 간단하게 해결할 수 있다.

즉 조건공식을 적용해 이 문제를 해결하는 데 전반적으로 별 어려움이 없다. 다시 말해 어떤 행태를 빼고 생각하면 구체적인 결과가 탈락된다면 이 행태는 결과의 원인이 된다는 조건공식은 결과를 방지할 수 있는 적극적인 행위를 하지 않았던 부작위에 대해서도 얼마든지 적용할 수 있다.[71] 물론 조건공식이 달갑지 않은 결론

69　이러한 이론들에 대해 포괄적이고 비판적으로 개관하는 문헌으로는 Schwarz, Die Kausalität bei den sog. Begehungsdelikten durch Unterlassung, 1929가 있다. 이보다 앞선 문헌으로는 Traeger, 앞의 책(각주 15), 27면 이하를 언급할 수 있다.

70　이에 관해서는 관련된 문헌을 제시하고 있는 v. Hippel, 앞의 책(각주 46), 160면 각주 1 참고.

71　제국법원은 결과방지의 확실성 또는 확실성에 가까운 개연성을 요구한다. 예를 들어 판결집 제51권, 127면, 제64권, 263면 이하(269면) 참고. 하지만 Mezger, 앞의 책(각주 21), 138면은 다른 입장을 취하고 있다. 메

에 도달하는 경우도 얼마든지 생각해 볼 수 있다. 예컨대 전쟁 기간 동안 대포를 대량생산하기 위해 다수의 생산자들에게 다양한 필수 부품을 주문한 상황을 가정해 보자. 이때 여러 명의 채무자들이 과실로 인해 체결된 계약에 따라 이행해야 할 납품의무를 제때에 이행하지 않았고, 이로 말미암아 대포가 없어서 전쟁을 수행하는 데 심각한 지장이 발생했다면, 형법 제329조 제2항(과실로 인한 계약불이행)에 근거한 공소제기에 대항해 여러 명의 채무불이행자 가운데 누구든지 설령 자신이 제때에 납품의무를 이행했다고 할지라도 대포의 다른 부품이 납품되지 않았기 때문에 동일한 결과가 발생했을 것이라고 주장할 수 있다. 합법칙적 조건 공식의 관점에서 이 사안을 어떻게 판단해야 할지를 검토해 보면, 채무자들의 부작위로 인해 발생한 변화 이외에 이로 인해 변화하지 않은 것까지도 '현상'으로서 합법칙적 조건의 관계에서 함께 고려(이는 비형이상학적 고찰에서는 아무런 문제가 되지 않는다)하면 그만이고, 그리하여 다음과 같이 말할 수 있게 된다. 즉 적극적 작위가 그 자체로 또는 다른 작위와 함께 구성요건결과의 발생을 저지하는 데 적합하다면(즉 결과를 '저지할 수 있었다면'), 이 작위와 해당하는 결과가 발생하지 않은 것 사이에는 합법칙적 조건관계가 존재한다. 이로부터 반대추론을 통해 결과를 저지할 수 있는 행위를 하지 않은 것과 그 이후에 발생한 결과 사이에도 합법칙적 조건관계가 존재한다는 결론이 도출되고, 따라서 합법칙적 조건 공식은 부작위의 인과성도 별 어려움 없이 해결할 수 있다는 것을 알 수 있다. 그렇기 때문에 앞에서 예로 든 특수한 사례에서도 부작위의 인과성이 부정되지

츠거는 논리적으로 타당한 반면, 제국법원은 결과의 측면에서 타당하다.

않는다. 즉 채무를 이행하지 않은 모든 납품업자들과 관련해 대포의 부품을 납품하지 않은 것, 대포를 생산하지 못한 것 그리고 전쟁 수행에 대한 피해라는 형법적으로 중요한 변화 사이에는 합법칙적 조건관계가 존재한다. 기계제작 기술의 법칙에 따른다면 — 사안에 비추어 볼 때 — 납품되지 않은 모든 부품들은 대포를 제작하는 데 필요하고 또한 다른 부품과 결합해야 대포를 제작할 수 있기 때문이다.

조건공식에 따르더라도 부작위의 인과성을 얼마든지 인정할 수 있음에도 불구하고, (형이상학적이 아니라) 논리적으로 이해되는 조건설을 지지하는 학자들조차도 부작위의 인과성에 의문을 제기할 수 있었다[72]는 사실은 갑자기 힘(Kraft)에 관한 생각이 인과관계 개념에 스며들었다는 것 말고는 달리 설명할 길이 없다. 그러나 무언가를 야기한다는 것이 사실상의 힘을 통해 변화를 불러일으킨다는 의미가 아니라, 시간적으로 뒤따르는 현상들과 법칙성의 관계에 놓여 있다는 의미라는 점을 분명하게 깨닫는다면 이 모든 의문은 사라진다.[73]

조건공식을 부작위의 인과성에 적용할 때 등장하는 커다란 난관은 인과성과는 전혀 관계가 없는 문제, 즉 구성요건적 결과를 저지할 수 있었을 적극적 행동을 하지 않은 부작위가 얼마만큼 **형법적**

---

72 예컨대 v. Liszt, Lehrbuch des deutschen Strafrechts, 23. Aufl., 1921, 133면 이하를 127면과 비교해 참고.

73 우리는 본문에서 변화하지 않은 것도 '현상'으로 보고 인과적 관계에서 함께 고려했기 때문에 우리의 관점에서 보면 — 부수적으로 언급하는 것이긴 하지만 — 진정 부작위결과범에서도 '야기'에 대해 생각해 볼 수 있다 (예를 들어 제139조의 경우에 위협받는 사람에게 알리지 않음으로써 그의 무지를 야기하는 것). 이는 비형이상학적 인과관계이론에 결코 모순되지 않는다고 말할 수 있다.

으로 중요한 의미를 갖는가라는 문제에서 비로소 시작된다. 왜냐하면 결과를 저지할 수 있었던 행동을 하지 않은 모든 형태의 부작위를 발생한 결과에 대한 원인으로 파악해야 한다는 견해는 인과성이 무한대로 확장되는 결론을 피할 수 없을 것이기 때문이다. 그러나 결과를 저지하는 행동을 수행할 가능성이 있었던 경우에만 부작위라고 말할 수 있다는 점에 주의해야 한다(따라서 포박당한 전철수가 전철기를 조작하지 않은 것은 '부작위'가 아니다). 또한 이와는 별개로 법률가들이 관심을 갖는 것은 오로지 위법한 부작위, 즉 구성요건결과를 저지해야 할 특별한 법적 의무를 위반한 부작위의 인과성일 따름이다. 물론 이로부터 부작위의 **인과성**이 부작위의 위법성에 좌우된다는 잘못된 결론을 도출해서는 안 된다. 오로지 인과성 문제가 갖는 **중요성**만이 부작위가 위법하다는 사실에 의존할 따름이다. 이 밖에도 결과방지의무의 범위가 어디까지인지도 부작위와 관련된 상당히 까다로운 문제이긴 하지만, 여기서 다루어야 할 문제는 아니다.[74]

4. 전체 원인에서 개별 조건으로의 이행

우리는 앞의 2와 3에서 조건설의 기초를 이루고 있기는 하지만, 조건공식에서는 원형 그대로 파악되지 않는 원인 개념을 명확하게 밝혔다. 우리의 의도가 처음부터 철학적 원인 개념을 수용하려던

---

74 이에 관한 최근의 논의로는 Sauer, Kausalität und Rechtwidrigkeit der Unterlassung, Festgabe für Reinhard von Frank zum 70. Geburtstag, Band Ⅰ, 1930, 214면 이하; Mezger, 앞의 책(각주 21), 138면 이하 참고.

것은 아니었다. 하지만 사실상 우리는 썩 중요하지 않은 수정(이는 소극적 사안에 해당하는 것이다)을 거쳐 철학적 원인 개념에 도달하게 되었는데, 이 철학적 원인 개념은 인과성 원칙에 관한 칸트의 표현("발생하는 모든 것은 일정한 규칙에 따라 그것을 뒤따르는 무언가를 전제로 한다")에도 등장하고, 오늘날에도 여전히 지배적인 원인 개념에 해당한다. 이에 따르면 원인이란 다른 어떤 것, 즉 사건(변화)이 규칙(법칙)에 부합해 뒤따르는 경우, 이 뒤따르는 것에 앞선 것이다. 하지만 법률가들이 철학적 원인 개념을 언급할 때에는 대개 존 스튜어트 밀의 원인 개념만을 생각하는 것이 일반적이다. 물론 밀의 원인 개념은 적어도 그의 다음과 같은 개념 정의에 비추어 볼 때 칸트의 원인 개념과 다르지 않다. "변화하지 않는 선행조건을 원인이라고 부를 수 있고, 변화할 수 없는 귀결을 결과라고 부를 수 있다."[75] 다만 밀이 하나의 **개별** 선행조건과 하나의 귀결 사이가 아니라, 결합된 **다수의** 선행조건들과 하나의 귀결 사이에 불변의 연관성이 존재하는 것이 일반적이라고 본다는 점은 그의 원인 개념이 갖고 있는 독특한 측면에 해당한다. 따라서 밀에게 원인이란 적극적 조건들과 소극적 조건들의 총체이며, 이 총체적 조건에서 개별적인 조건들을 분리시켜 원인으로 파악할 수는 없다(이 점에서 모든 조건들은 동일하게 필수불가별한 것이고, 오로지 총체적으로만 결과에 영향을 미칠 수 있을 뿐이다).[76] 그렇기 때문에 밀의 원인 개념의 독특한

---

75 Mill, System der deduktiven und induktiven Logik, 2. Aufl.(Gomperz 번역), Gesammelte Werke Band II, 1885, 15면. 밀은 여러 곳에서 조건 공식도 사용한다. 예컨대 15, 19면 참고.

76 Mill, 앞의 책(각주 75), 15면 이하. Jevons, Leitfaden der Logik, 3. Aufl.(Kleinpeter 번역), 1924, 251면; Sigwart, 앞의 책(각주 51), 504면 참고. 특히 밀에 대한 비판은 Wundt, 앞의 책(각주 51), 586면; Leonhard, 앞

측면은 원인과 결과 사이에 존재하는 관계의 형태에 관한 특수한 이해가 아니라(밀의 경우에도 이 관계는 현상들 사이의 연쇄의 합법칙성을 의미한다), 오로지 전체 원인이라는 개념, 즉 어떠한 사정들과 사건들을 원인 개념이 포괄하는지에 관한 규정이다.

이 후자의 문제와 관련해 우리는 이미 묵시적으로 전체 원인을 구성하는 선행조건들에 포함되어 있는 모든 행태가 발생한 결과에 대해 인과적이라고 볼 수 있고, 이 점은 원인의 원인, 즉 합법칙적 선행조건으로서 전체 원인의 구성부분보다 앞서 있는 행태들에도 해당한다는 관점을 취했다. 잘 알려져 있듯이 부리[77]는 이렇게 전체 원인으로부터 개별적 구성부분들로 옮겨가는 문제를 집요하게 다루었다.[78] 그는 변증법적으로 논증하려는 자신의 특유한 성향 때문에 조건들 전체가 결과의 원인이라면 모든 개별 조건도 결과의 원인으로 볼 수 있고, 따라서 — 그가 힘주어 강조하듯이 — 모든 개별 조건은 **전체** 결과의 원인이지, 결코 전체 결과 가운데 일부분의 원인으로 보아서는 안 된다는 점을 밝히려고 노력했다. 왜냐하면 "모든 개별적 힘은 이 힘을 제외하면 죽어 있는 덩어리에 불

의 책(각주 26), 146면 이하 참고.

77 부리 이외에도 Radbruch, 앞의 책(각주 18), 3면 이하도 같은 입장을 취한다.

78 여기서 부리는 자신이 밀의 원인 개념을 따르지 않는다는 점을 명시적으로 강조한다. v. Buri, Die Causalität und ihre strafrechtlichen Beziehungen, Beilageheft zum Gerichtssaal 37, 1885, 3면 이하 참고. 누가 부리의 이론을 처음으로 밀의 논리학에 연결시켜 형법학에서 밀의 이론이 좋은 평판을 얻도록 만들었는지는 알 수 없다. 이에 관해서는 Birkmeyer, Ueber Ursachenbegriff und Causalzusammenhang im Strafrecht, Der Gerichtssaal 37(1885), 300면 각주 63과 v. Hippel, 앞의 책(각주 46), 136면 각주 4 참고.

과한 다른 모든 개별적 힘들에게 생명력을 ⋯ 불어넣고, 모든 개별적 힘은 다른 모든 개별적 힘들에게 원인으로 작용하도록 만들기"[79] 때문이다. 심지어 이러한 사고 과정이 필연적인 것으로 여겨지도록 "원인의 원인은 결과의 원인이다(causa causae est causa causati)"라는 문장까지 활용하지 않을 수 없었다.[80] 물론 부리의 이 논증은 설득력이 없다. 힘이라는 사고를 동원하고자 하면, 모순되는 주장을 하지 않을 수 없기 때문이다. 즉 작용을 일으키기 위해 결합된 다수의 개별적 힘들 모두가 살아 있는 것이자 동시에 죽은 것이기도 하다고 말하면서, 개별적인 힘이 다른 개별적 힘들이 작용하도록 촉진시킨다는 점에서는 살아 있지만, 다른 개별적 힘들에 의하여 작용되도록 촉진된다는 점에서는 죽은 것에 불과하다는 주장은 명백히 모순이다. 원인의 원인에 관한 명제를 활용하는 것도 문제가 있다. 즉 전체 원인의 모든 개별 구성부분에 대해 각 구성부분이 다른 개별 구성부분과 함께해야 비로소 원인으로 결합되는데도 불구하고 각 구성부분 자체가 (다른 개별 구성부분들의) 원인이라고 전제하는 것은 타당하지 않다. 다시 말해 구성부분들이 함께 작용하는 것을 구성부분들 하나하나가 작용하는 것으로 단정하는 것은 명백히 오류이다. 비르크마이어(Karl von Birkmeyer)는 부리의 오류를 이렇게 표현한다. "m + n + o = p라면 m, n, o 어느 것도 p가 될 수 없다."[81] 그렇지만 부리는 다른 것들과 함께 원인으

---

79 v. Buri, 앞의 책(각주 25), 1873, 1면. 이 밖에도 v. Buri, 앞의 논문(각주 78), 1면 이하 참고. 또한 Heimberger, 앞의 책(각주 14), 34면도 참고.

80 v. Buri, 앞의 논문(각주 78), 5면.

81 Birkmeyer, 앞의 논문(각주 78), 268면(이를 비판하는 Finger, Lehrbuch des deutschen Strafrechts, 1904, 280면 이하도 참고). 또한 v. Brünneck, Die herrschende Kausalitätstheorie(Halle 대학교 박사학위논문), 1897,

로 결합하고, 따라서 그 자체 원인이 되는 사정 또는 현상이 구체적인 결과와 원인관계에 있다는 점을 정확하게 파악하고 있다. 우리가 한 인간의 행태를 구체적 결과의 원인(**유일한** 원인이 아니다)[82]이라고 지칭할 때, 우리 역시 부리가 파악한 것 이상의 내용을 주장하려는 것이 아니다. 하나의 행태는 단지 특정한 사정들이 존재할 때에만 결과와 합법칙적으로 연결된다는 점은 앞에서 명시적으로 강조했다. 따라서 전체 원인으로부터 그 안에 결합되어 있는 개별 조건(현상, 사정)으로서의 원인들로 이행하는 것은 각 조건이 **여타의 다른 조건들을 전제로 하면서** 원인이 된다는 생각을 기초로 이루어진다. 이 점에서 밀의 이론은 원인에 대한 우리의 개념규정에 배치되지 않는다.

33면 이하도 참고.
82 Sauer, 앞의 책(각주 58), 430면 각주 1 참고.

조건설과 다른 인과관계이론들

지금까지의 고찰을 통해 이제 **조건설**의 원인 개념이 충분히 분석되었다고 볼 수 있다. 우리는 이 원인 개념이 서술적 개념이고, (합법칙적 조건공식에 따라 정의되는) 이 개념이 철학적 원인 개념과 일치한다고 말할 수 있다는 점을 확인했다. 그러나 이로써 결코 "현행법에 따를 때 야기를 앞에서 전개한 의미의 '조건(das Bedingen)'으로 이해할 수 있는가?"라는 물음까지 대답된다고 볼 수는 없다. 법률은 법률 이외의 영역에서도 등장하는 개념을 사용함으로써 이 개념을 본질적으로 변경하지 않고 그대로 수용한 것이라고 추정하기에 충분한 근거가 있다.[83] 하지만 형사입법자가 '야기(Verursachung)' 개념을 사용함으로써 어쩔 수 없이 끌려들어가는 특수한 사고방식이 이 개념의 내용에 아무런 영향도 미치지 않았다고 볼 수는 없다.

물론 한 가지 점은 곧바로 말할 수 있다. 즉 우리가 앞에서 전개

---

83 Tarnowski, 앞의 책(각주 12), 10면.

했던 조건설의 원인 개념에서 보듯이 조건설의 원인 개념은 중요한 의미를 갖는 인과관계 가운데 그 어느 것도 제외시키지 않는다. 인과관계 개념이 형법전에 편입되면서 겪게 되었을 수정은 개념의 제한이지, 개념의 확대가 아니었다는 점에 대해서는 전반적으로[84] 견해가 일치한다. 그리하여 조건설에 반대하는 인과관계이론들에 대해서는 조건설이 인과관계의 가장 극단적 형태라는 점에서 이 이론들 역시 조건설을 토대로 삼고 있고, 다만 조건설에 비추어 중요한 의미가 있는 인과관계들 가운데 일정한 기준에 따라 선별을 한다는 점에서만 조건설로부터 벗어날 뿐이라는 사실을 강조하곤 한다.[85]

이와 같은 선별의 필요성을 요구하는 관점을 올바로 이해하기 위해서는 지금까지 조건설에서 충분히 드러나지는 않았지만, 조건설을 특별히 '등가설(Äquivalenztheorie)'이라고 지칭할 정도로 조건설의 본질에 속하는 한 가지 측면을 명확하게 밝힐 필요가 있다. 즉 시간적으로 뒤따르는 변화를 거치는 과정에서 결과 발생과 자연법칙적으로 결합되어 있는 **모든** 행태는 ― 이 행태가 어떠한 속성을 지니는지에 관계없이 ― 결과 발생과 인과관계에 놓여 있다. 이는 구체적으로 다음과 같은 점을 의미한다.

a) 시간적으로 매우 오래전의 행태들도 서로 합법칙적으로 연결된 일련의 변화를 통해 구성요건적 결과와 관련을 맺는다. 예를 들

---

84 이와 다른 Sauer, 앞의 책(각주 58), 431면, 446면 이하 참고. 그러나 이는 무엇보다 그가 몇몇 개별적인 지지자들과 마찬가지로 조건설을 제한된 의미로 이해하기 때문이다.

85 이런 의미에서 분명한 견해로는 예를 들어 Traeger, 앞의 책(각주 15), 38면; Frank, 앞의 책(각주 16), 11면; v. Hippel, 앞의 책(각주 46), § 13 IX, 143면.

어 사망이라는 결과는 사용된 총기의 생산, 무기 공장의 설립, 탄약의 발명 등과 관련을 맺는다. 조건설에서 말하는 조건은 이 원인의 원인을 통해 '무한대로' 소급될 수 있다.

b) 이 행태들이 서로 원인의 원인이 되는 관계에 있지 않을지라도, 다수의 행태들이 구체적 결과의 야기에 관여할 수 있는데, 각각의 행태가 오로지 다른 행태들과의 연관성을 가질 때에만 결과에 이르게 된다는 사실 때문에 각 행태가 지니고 있는 원인으로서의 성질이 달라지는 것은 아니다. 이와 관련해 앞에서 언급했던 추락 사례를 상기할 필요가 있다. 덮개가 열려 있던 하수관에 어떤 여자가 빠져 죽은 경우에 하수관 덮개를 연 것, 닫지 않고 그대로 둔 것, 더 나아가 연회장의 문을 연 것 등은 모두 사고의 발생에 함께 작용했다.

c) 조건설의 관점에서 볼 때 구체적 결과의 조건이 되는 모든 행태와 관련해 특정 행태가 어떠한 속성을 갖고 있고, 이 행태의 인과적 관련성은 구체적으로 어떠한 방식인지는 **원인**의 문제에서 무의미할 따름이다. 다시 말해 특정 행태를 실행하는 데 힘이 많이 들었는지 적게 들었는지, 행태가 인정을 받을 가치가 있었는지, 행태가 결과가 발생할 심각한 위험을 수반했는지 아니면 그 자체 무해한 것으로 여겨도 좋았는지, 행태가 유책한 것이었는지 등 행태의 성격에 해당하는 이 모든 고려는 '등가설(!)'에 따르면 위법성이나 책임 문제의 맥락에 속하는 것일 뿐, 결과 야기의 문제와는 아무런 관련이 없다. 따라서 인과관계 자체와 관련해서는 행태가 제3자의 고의 또는 과실에 의한 행태와 결합했기 때문에 결과에 이르렀는지, 피해자 자신의 의도적인 또는 부주의한 행태와 결합했기 때문에 결과에 이르렀는지 아니면 일련의 특이한 사정들이 연

결고리를 형성했기 때문에 결과에 이르렀는지는 아무런 의미도 없다. 예를 들어 X가 권총을 아무렇게나 놔두었는데, 이 권총으로 다른 사람이 제3자에게 또는 자기 자신에게 고의로(의도적으로) 또는 과실로(부주의로) 치명상을 입혔다거나 X가 다른 사람을 다치게 했는데 그 사람이 병원으로 가던 중에 오토바이에 치여 사망에 이르렀다거나 또는 마취제를 감당하지 못하는 체질이라서 마취 후에 죽게 된 경우에 '인과적 진행의 기이함'에도 불구하고 X의 행태와 결과 사이에는 원인관계(조건관계)가 존재한다.[86]

이처럼 언뜻 보기에는 원인관계가 무한대로 확장하는 것처럼 보이는데도 불구하고 조건설이 어떠한 한계도 없는 것은 아니다. 즉 조건설은 단지 인과성 개념을 제한하는 특별한 개념 요소를 통해 필요한 '수정'을 찾아내지 않을 뿐, 범죄의 다른 성립요소, 특히 위법성과 책임이라는 요소에서 필요한 '수정'을 찾아낸다. 물론 이렇게 되면 ─ 앞에서 이미 언급했듯이 ─ 결과적 가중범과 관련해 몇 가지 난점이 등장한다. 왜냐하면 결과적 가중범의 경우에는 법률이 적어도 부분적으로나마 행위자의 책임을 고려하지 않기 때문이다. 일단 이 경우를 제외한다는 전제하에 가벌적 행위를 확인하기 위해 조건설이 염두에 두고 있는 절차를 구체적 형태로 표현한다면 4색 인쇄에 비유할 수 있다. 즉 여러 번의 인쇄를 거듭함으로써 비로소 자연적 색깔과 딱 맞는 색깔이 나오듯이, 행태의 성질을 다양한 관점(인과관계, 위법성, 책임 등의 관점)에서 규정한 내용을 결합함으로써 비로소 타당한 법적 판단을 얻게 된다.

하지만 이런 식으로 조건설을 전반적으로 완화할 수 있을지는

---

86 이런 예들(과 많은 판례 사례들)에 대해서는 Mezger, 앞의 책(각주 21), 113면 이하 참고.

모르지만 조건설이 결과적 가중범의 형사책임을 적절히 제한하기 어렵다는 점은 여전히 문제로 남는다. 더 나아가 뒤에서 언급하게 될 다른 사례들을 감안한다면 조건설이 다른 범죄성립요소들을 통해 법률이 추구하고 있다고 추정되는, 형사책임에 대한 합리적 제한에 비추어 당연히 요구되는 '규제 장치'를 보유하게 되는지 역시 의심스럽다. 또한 조건설을 통해 얼마든지 현실적인 문제를 해결할 수 있는 경우조차도 현실의 법적 고찰의 범위 내에서 구성요건적 결과와 법칙적 관계에 있는 수많은 행태 모두를 인과적이라고 여기는 일은 부자연스럽고 불합리하다고 말할 수 있다.[87] 그 때문에 다른 수많은 인과관계이론들이 왜 등가설에 반대하는지를 쉽게 설명할 수 있다. 이 이론들은 모든 조건들을 원인으로 보아서는 안 된다는 점 그리고 특정한 성질을 갖는 조건들을 다른 조건들과는 달리 본래적 의미의 '원인'으로 규정해야 한다는 점에서는 견해가 일치한다. 물론 이 이론들은 서로 커다란 차이가 있다. 예컨대 이 이론들 가운데 일부는 자연적 또는 철학적 고찰만으로 이미 조건들의 선별이 가능하다는 확신에서 출발하는 서술적 입장을 여전히 취하고 있는 반면, 다른 일부의 이론들은 규범적인 입장을 지향하면서 법적 필요성이라는 관심과 기준에 따라 원인 개념을 구성한다. 이 글에서 이 모든 이론들을 상세하게 다루는 일은 불필요할뿐더러 불가능하다. 왜냐하면 이 모든 이론들 가운데 단 하나의 이론만이 조건설에 버금가는 대항마로 평가될 수 있을 정도로 많은 지

---

87 예를 들어 Sauer, 앞의 책(각주 58), 427면 이하는 이런 관점을 강조한다. 그에게 조건설이 사용될 수 있는 것인지의 문제는 가장 중요한 척도가 아니다(428면 참고). 그는 조건설의 가장 근본적 오류를 조건설이 자연주의적 이론이고, 사회적-법적 이론이 아니라는 점에서 찾는다.

지자들을 확보할 수 있었기 때문이다. 이 이론이 바로 상당성이론이다. 그 때문에 여기서는 상당성이론만을 자세하게 다루고자 한다. 이러한 계획은 — 소극적 측면에서 — 다음의 이론들을 다루지 않는다는 것을 뜻한다.

1. 개별화이론

우리는 여기서 이른바 **개별화이론들**(individualisierende Theorien)은 자세히 다루지 않는다. 이 명칭은 이 이론들이 원인과 순수한 조건을 **개별 사례에서의 의미**에 따라 구별할 수 있다고 생각하기 때문에 붙여진 것이다. 개별화이론들에서는 **최후의** 조건(오르트만 Rudolf Ortmann), **가장 효과적으로 작용하는** 조건(비르크마이어), 결과를 저지하는 조건보다 결과를 지향하는 조건들에 더 커다란 비중을 제공하는 조건(빈딩 Karl Binding), **질적으로 볼 때** 결과의 방식과 본질을 규정하는 결정적 조건(콜러 Josef Kohler) 등을 원인이라고 한다. 각각의 개별화이론들이 공범이론에서 갖는 의미에 대해서는 나중에 짧게 언급하겠다. 아무튼 이 이론들 가운데 어느 것도 관철될 수 없었다.[88]

---

[88] 개별화이론들에 대한 비판에 관해서는 예컨대 Thyrén, 앞의 책(각주 21); Hartmann, 앞의 책(각주 8); Traeger, 앞의 책(각주 15), 80면 이하; v. Bar, 앞의 책(각주 21), 170면 이하 참고. 최근에 Sauer, 앞의 논문(각주 51), 178면 이하(특히 182면 이하)에서는 다시 개별화이론의 길로 향하려는 것처럼 보인다.

2. 인과관계중단이론

나아가 **인과관계의 중단**이라는 개념을 기초로 작업하는 모든 이론은 고찰 대상에서 처음부터 배제해도 무방하다. 이 개념은 흔히 중요하지 않은 조건관계를 배제하고자 할 때 이용되었다. 이 개념의 토대가 되는 생각은 일반인의 생각에도 부합할 것이다.[89] 하지만 좀 더 면밀히 살펴보면 이 개념을 사용하는 것이 자의적이고 불필요하다는 것을 알게 된다. 즉 이 개념은 이른바 '중단'의 경우에 때로는 조건관계가 탈락되기도 하고, 때로는 단지 어떤 특수한 인과관계이론에서 의미하는 원인관계만이 탈락되기도 하며, 때로는 제3자나 피해자의 고의 또는 과실에 의한 행태가 인과적 과정에 개입한 사례들을 인과관계의 중단으로 지칭하기 때문에 자의적이다. 그리고 얼마든지 다른 식으로 이론을 구성할 수 있는 가능성들이 존재하고, 다른 식의 이론구성이 정확한 사고를 위한 요건을 훨씬 더 잘 충족시키기 때문에 이 이론은 불필요하다.[90]

3. 벨링의 인과관계이론

끝으로 인과관계의 문제가 등장하는 법률 구성요건들은 구성요건에서 사용된 동사(Zeitwort)의 의미에 따라 해석할 필요가 있고,

---

89 예컨대 앞의 59면 이하에서 언급한 사례들을 고려해 볼 때 그렇다.
90 이에 관해서는 특히 M. E. Mayer, 앞의 책(각주 8), 93면 이하; (상당성이론의 관점을 취하는) Wiechowski, Die Unterbrechung des Kausal-zusammenhanges, 1904; (조건설의 관점을 취하는) Pomp, 앞의 책(각주 17) 참고. 이 밖에도 Traeger, 앞의 책(각주 15), 177면 이하도 참고.

이를 통해 조건설정의 귀속을 목적에 맞게 '규범적으로' 제한하는 것이 자연스럽게 이루어질 것이라는 생각은 상당부분 설득력이 있긴 하지만 충분하지는 않다. 이와 같은 형태의 생각은 최근 들어 벨링(Ernst Beling)이 분명하게 표현하고 있다. "입법자는 국민의 언어에 귀 기울여야 했고, 국민들이 동사를 사용할 때 이해하는 것과 동일한 의미로 이 단어를 사용했어야 했다. 국민들은 등가설의 의미로 시간을 이해하지 않으며, 국민에 귀 기울이려고 했던 입법자도 등가설처럼 이해하지 않는다. 등가설은 개념의 하늘에서 생겨난 것이다. 살해라는 개념은 단지 살해행동, 즉 전형적인 살해행위를 의미하는 것이고, 사망이라는 결과의 여타 조건들을 의미하지 않는다. 등가설이 철학적으로는 타당할 수 있을지 몰라도, 법적으로는 적용될 수 없다. 왜냐하면 입법자가 등가설을 적용하지 않았기 때문이다. 따라서 체계적 이론을 구성하는 자가 아니라, 주석자가 우리에게 답을 줄 수 있다."[91] "일상생활에서 어느 누구도 '아이의 출산'이 출산과정에 이르는 모든 조건설정을 뜻한다는 식으로 이해하지는 않으며(만일 그렇다면 아버지도 아이를 출산하는 것이 된다), 제국법원의 판결이 판결의 성립에 이르는 모든 조건설정을 뜻한다는 식으로 이해하지도 않는다(만일 그렇다면 소송 당사자, 공판조서 작성자 등도 함께 '판결'한다고 보아야 할 것이다). 이와 마찬가지로 법률에서 의미하는 '살해'를 사망에 이르는 조건의 설정으로 이해하는 것은 어불성설이다."[92] 매우 설득력 있는 이 서술에 동의할 것이라는

---

91 벨링이 뮌헨 대학교 법과대학 학생회에서 행한 강연 참관기(Juristische Wochenschrift 1931, 188면).

92 Beling, Grundzüge des Strafrechts, 11. Aufl., 1930, 37면. 이 밖에도 Olshausen, Kommentar zum Strafgesetzbuch, 1927, vor §§ 47 이하, 각주 2도 참고.

점은 확실하지만,[93] 이를 통해 인과관계 문제 **자체**가 최종적으로 해결된 것인지는 여전히 의문으로 남는다. 언어감각에 비추어 볼 때 이성적인 사람이라면 당연히 구성요건의 동사에 조건설정까지 포섭시키는 것에 반대하리라는 점은 의문의 여지없이 타당하다. 살인자 또는 절도범이 될 사람을 출산하는 것을 '살해', '타인의 물건의 절취' 또는 이러한 행위의 '교사'나 '방조'로 보는 것은 터무니없는 일이다. 더 나아가 '살해', '절취' 등의 개념을 교사와 방조 개념에 결부시키면 법률이 요구하는 정범과 종속적 공범을 구별하게 되고, 이를 통해 정범 개념을 특별히 축소하고 또한 **정범**으로 귀속시킬 수 있는 조건설정을 선별하게 되는 결과에 도달한다(우리는 나중에 이 점을 다시 다루게 될 것이다). 끝으로 '구성요건에 해당하는' 것으로 볼 수 있는 작용행위들은 다수의 구성요건들이 결과 야기의 특수한 형태와 방법을 요구하기 때문에 어느 정도 제한된다고 추측할 수 있다. 예를 들어 강요죄(제240조)는 폭행 또는 중죄나 경죄를 범할 것이라는 협박을 통해 일정한 행위를 강제하는 행위만을 구성요건적 행위로 규정한다. 하지만 이로써 인과관계의 문제를 다루는 범위가 좁혀진 것일 뿐, 이 범위 내에서도 인과관계 문제 자체는 여전히 해결되지 않은 상태로 남아 있다. 왜냐하면 인과관계의 문제가 법률에 자주 등장하는 '결과를 낳는다', '야기하다', '초래하다' 등의 용어[특히 결과적 가중범 및 제국형법 제222조(과실치사), 제

---

93 벨링(그리고 프뢰브스팅 Proebsting)에 반대하는 Tarnowski, 앞의 책(각주 12), 76면 참고. 그러나 "법률에 규정된 구성요건 서술은 오로지 결과에 관한 암시만 담고 있을 뿐이다"라는 타르노브스키의 주장은 증명되지 않았다. 이 밖에도 Zimmerl, Grundsätzliches zur Teilnahmelehre, ZStW 49(1929), 39면 이하; Eb. Schmidt, 앞의 논문(각주 9), 106면 이하, 특히 117면 이하도 참고.

230조(과실치상), 제309조(실화죄), 제312조 이하(일수죄) 참고에서 분명히 드러난다는 점은 별개로 하더라도 '살해', '절취', '방조' 등과 같은 더 구체적인 개념들도 여전히 일반적인 언어사용을 원용해 결정할 수 없는, 문제의 여지를 남기기 때문이다. 예를 들어 A가 번개가 칠 때 B를 산꼭대기로 보냈는데, B가 그곳에서 번개에 맞아 죽었다면, A가 B를 '살해'한 것일까? 이 예에서 장소가 산 정상이 아니라 평지의 숲이라면 '살해'한 것이 아닐까? A가 B를 아주 가벼운 출혈이 생길 만큼만 다치게 했는데 이 출혈로 인해 B가 통상적인 예상과는 달리 사망했고, 나중에야 그가 혈우병 환자라는 사실이 알려진 경우에 A가 B를 '살해'한 것일까? A가 B에게 총상을 입혔는데, 수술을 받다 마취 때문에 예상치 못하게 사망했다면, 이 경우에 '살해'는 어떻게 판단해야 할까? 이러한 사례들은 형법에서 '인과관계 문제'와 관련해 중요한 역할을 한다. 왜냐하면 구성요건이 의미하는 원인관계가 탈락되는 것인지 아니면 다른 범죄구성요건 요소가 탈락되는 것인지의 물음이 제기되기 때문이다. 그러나 국민의 언어 사용에 따라 구성요건의 행위 개념을 해석한다고 해서 이에 관한 확실한 대답을 얻을 수 있는 것은 아니다. 이제 상당성이론에서 이에 대한 답을 찾을 수 있는지를 살펴보기로 하자.

IV

상당성이론

상당성이론(Adäquanztheorie)의 창시자는 프라이부르크의 생리학자 크리스(Johannes von Kries)이다. 그는 상당한 원인이라는 개념을 제기했을 뿐만 아니라, 놀라울 정도로 날카로운 통찰력을 갖고 상당성이론의 핵심적 관점을 포착해 확정하기도 했다. '객관적 가능성 개념과 이 개념을 적용한 몇 가지 사례에 관한' 크리스의 연구[94]는 조건설과 개별화이론에 대해 불만을 품고 법에서 사용할 수 있는 좁은 원인 개념을 필요로 하는 상당수의 학자들[95]에게 이론적 출발점이 되고 있다. 이 학자들은 구성요건결과의 조건이 되는 행태들 내에서 진정으로 중요한 원인이 되는 상당한 원인과 상당하지 않은(우연적인) 원인을 구별할 수 있다는 테제를 명쾌하게 문제를 해결해 주는 공식으로 여긴다. 그리고 이와 같은 구별은 "결과

---

94 v. Kries, 앞의 논문(각주 26), 179면 이하, 287면 이하, 393면 이하.
95 이러한 학자들의 이름을 열거하고 있는 v. Hippel, 앞의 책(각주 46), 144
    면 각주 1 참고.

와의 연관성이 일반화 가능한 연관성인지 아니면 단지 주어진 사례에 국한된 독특성인지, 즉 요소(즉 행태)가 일정한 방식의 결과를 불러일으키기에 일반적으로 적합하고 이러한 결과를 불러일으킬 경향(Tendenz)을 갖고 있는지 아니면 단지 우연적으로 결과가 야기되었는지"[96]의 관점에 따라 이루어질 수 있다고 한다. 예컨대 A가 부주의로 인해 폭죽을 잘못 쏴서 옆에 있던 B의 옷에 불이 붙어 B가 심한 화상을 입었지만, B가 화상 때문에 사망한 것이 아니라, 나중에 생명의 위험에서 완전히 벗어난 이후 완치되지 않은 몇몇 부위에 피부를 이식할 목적에서 수술을 받다 우연히도 거부반응을 일으키는 마취제로 인해 사망했다면,[97] 상당성이론이 제시하는 공식에 따라 다음과 같이 말할 수 있다. 즉 A의 행태와 B의 사망 사이에는 조건관계가 존재하긴 하지만, 인과적 전개과정은 극히 일회적이고, A가 만들어 낸 사건은 '이러한 형태'의 결과(즉 마취제 부작용으로 인한 사망)를 야기하는 경향을 갖고 있지 않으며, 따라서 A는 B의 사망을 상당하게 야기하지 않았고 엄밀한 의미에서는 전혀 '야기'하지 않았다.

물론 앞의 사례에서 명확한 대답이 가능하려면 다시 몇 가지를

---

96 v. Kries, 앞의 논문(각주 26), 200면 이하. 이 인용문에서는 일반화의 관점에서 조건들을 구별하는 방법을 옹호하고 있기 때문에 상당성이론을 개별화이론과는 구별해 **일반화**이론으로 지칭한다. 크리스 자신이 일반화이론이라는 표현을 쓴다(202면 이하). 하지만 개념적으로 볼 때 상당한 원인에는 일반적인 원인뿐만 아니라, **구체적**인 원인도 포함된다(더욱이 구체적인 원인들이 주를 이룬다)는 점에 주의해야 한다. 왜냐하면 행태와 결과 사이의 구체적 조건관계는 — 일반화해서 생각하면 — 일정한 경향을 갖는 관계를 낳기 때문이다. 이에 관해서는 v. Kries, 앞의 논문(각주 26), 202면 2절 참고.
97 이 예는 제국법원 판결집 제29권, 218면 이하에 따른 것이다.

확정할 필요가 있다는 것을 곧장 알게 된다. 그 때문에 일반화를 거쳐 고찰되는 행태가 갖는 경향에 대한 물음이 **특수한 형태**의 구체적 행태에 따른 구성요건결과와 관련시켜, 다시 말해[98] 특정한 중간원인들을 통해 매개되는 구성요건결과와 관련시켜 제기되었다(우리의 사례와 관련해서는 마취제 부작용으로 인한 사망에 이르는 경향에 대해 물음을 제기했다). 하지만 구체적 결과와 동일한 **구성요건**에 해당하는 결과와 관련시켜서만(우리의 사례에서는 살해와 관련시켜서만) 경향에 대한 물음을 제기할 수 있고, 이때는 이 물음에 대해 완전히 다르게 대답하게 된다(우리의 사례에서는 결과에 이르는 경향을 긍정하는 방향으로 대답하게 된다. 왜냐하면 가까이 있는 사람 옆에서 폭죽을 터뜨리는 부주의한 행태는 원칙적으로 이 사람을 살해하기에 적합한 경향을 가질 수 있고, 단지 사망만이 **하필 마취제로 인해** 우연적으로 발생했다고 생각하는 것이 얼마든지 가능하기 때문이다).[99] 따라서 상당성이론을 사용할 수 있도록 만들기 위해서는 **결과 규정의 형태**에 대한 결정을 필요로 한다. 하지만 상당성에 관한 판단은 '결과의 일반화'로부터 영향을 받을 뿐만 아니라, '**판단의 기초**'가 시작되는 준거지점의 형태와 방식으로부터도 영향을 받는다. 즉 구체적 사례와 관련시켜 일반화의 물음을 제기하기 위해 행태 및 행태를 둘러싼 사정에 해당할 사실들의 범위를 규정하는 형태와 방식으로부터도 영향을 받는다. 우리가 예로 든 사례에서 **특수한 형태**의 구체적 행태에 따른 구성요건결과와 관련시킨다고 할지라도 얼마든지 화상이 치유될 수 있기에 충분한 신체적 속성을 갖고 있는 반면, 마취를 견

---

98 이에 관해서는 Radbruch, 앞의 책(각주 18), 31면 이하; Wiechowski, 앞의 책(각주 90), 7면 이하; Pomp, 앞의 책(각주 17), 49면 이하 참고.

99 제국법원 판결집 제29권, 218면 이하.

더 내기에는 허약한 신체적 속성을 갖고 있는 사람(B)[100] 가까이에서 폭죽을 터뜨린 행태의 경향에 대해 묻는다면, 우리가 앞에서 이와 같은 자세한 사정으로부터 묵시적으로 벗어났을 때는 우연적으로 여겨지던 것이 다시 상당하다고 여겨지게 된다. 즉 일반적으로 볼 때, 구체적 사례와 관련해 일반화하는 물음을 제기하기 위해 행태 및 행태를 둘러싼 사정을 서술하는 사실들[101] ― 이 사실들이 구체적 사례와 관련해 빨리 알려지게 되었는지 나중에 알려지게 되었는지는 경향에 대한 물음에서는 중요하지 않다 ― 의 세세한 내용이 더 완벽하고 더 많이 제시될수록 경향에 대한 판단이 행태와 결과 사이의 합법칙적 관계의 확인, 즉 조건관계의 확인과 똑같은 의미의 언명으로 흘러갈 위험이 더욱 높아지고, 이로써 상당성이론이 조건설을 수정하는 역할도 더욱 희미해진다. 그리고 설령 이와 같이 개별화하는 규정이 상당성이론의 본질에 위배될지 모르지만, 다른 한편으로는 아무렇게나 무한대로 이루어지는 **추상화**는 무의미할 뿐만 아니라, 그런 식으로 추상화하는 것 자체도 불가능하다. 왜냐하면 지나치게 일반적으로 제기된, 경향에 대한 물음(예컨대 폭죽을 터뜨리는 것이 사람을 살해하기에 적합한가라는 물음)에 대해서는 대답할 수 없기 때문이다. 더 정확히 말하면, "어떻게 보느냐에 따라 다르다"고 대답할 수 있을 뿐이기 때문이다. 바로 이 점에서도 판단을 형성하기 위해서는 더 정확한 지침이 필요하다는 사실이 드러난다. 결과와 기초에 대해서도 그렇듯이 판단기준, 즉 경향

---

100 의사들이 이러한 신체적 속성에 대해 자세히 서술할 수 있을 것이다.

101 행태가 이루어진 것과 **같은 시점**에 주어져 있던 사정들을 기초로 삼는 판단만이 이 행태와 관련된 경향에 대한 판단이고, 이에 반해 나중에 등장한 요인들까지 판단의 기초로 포함하는 판단은 그렇지 않다. 이에 대한 반론으로는 Rümelin, 앞의 논문(각주 23), 217면 참고.

적 관계의 존재 여부에 대해 결정을 내릴 수 있는 법칙적 지식에 대해서도 더 자세한 확정이 필요하다. 이러한 확정은 매우 다양한 의미로 가능하다. 다시 말해 기준을 행위자의 법칙적 지식으로 삼을 수도 있고, 통상의(평균적) 사람의 법칙적 지식이나 이상적인 사람(즉 현재 알려져 있는 모든 이론적 지식을 갖추고 있고, 어쩌면 보편적인 전문가라고 볼 수 있는 사람)의 법칙적 지식을 기준으로 삼을 수도 있다. 또한 행위 시점에 초점을 맞출 수도 있고 판단 시점에 초점을 맞출 수도 있다(특히 학문의 진보가 이루어진 경우에는 판단 시점이 중요하다). 이 다양한 기준들 가운데 어떠한 기준을 선택하는지에 따라 판단의 결론이 영향을 받는다는 점은 너무나도 분명하다. 결국 경향에 대한 판단은 그 자체 **등급화**가 가능하다는 점에 주의해야 한다. 즉 특정한 형태 V에 속하는 행태가 형태 E에 속하는 결과를 야기하는 경향은 정도의 차이에 따라 더 높을 수도 있고 더 낮을 수도 있다. 물론 경향의 높고 낮은 정도는 당연히 기초, 결과, 판단기준을 확정하는 문제와 밀접한 관련성이 있다.[102] 그렇지만 결과에 대한 원인의 상당성을 전제하기 위해서는 어느 정도의 경향이어야 충분한 것일까? 높은 정도에 해당하면 모두 충분한 것일까 아니면 특정한 정도로 높아야 하는 것일까? 이와 관련된 경계선은 어떻게

---

102 경향의 강도와 기초 및 결과의 일반화 사이의 연관성에 대해 Radbruch, 앞의 책(각주 18), 15면에서는 다음과 같이 설명하고 있다. "경향의 정도는 조건이 덜 일반화될수록 높아지고 조건이 더 일반화될수록 낮아지며, 결과가 덜 일반화될수록 더 낮아지고, 결과가 더 일반화될수록 높아진다." 그러나 이 문장은 완전히 옳다고 볼 수는 없다. 경향의 정도와 기초의 경계설정 사이의 연관성과 관련해서는 추상화의 대상이 되는 조건의 성질이 여전히 중요하다. 만일 A가 총으로 쏜 X가 방탄복을 입고 있는 경우 이 사정을 **고려에서 배제**하는 것이 X의 살해라는 방향으로 흐르는 경향을 낮추지는 않는다.

설정해야 하는 것일까? 이러한 물음들에 대해서도 상당성이론은 대답할 수 있어야 한다.

상당성이론으로 인해 등장하는 물음들, 즉 결과 규정, 판단의 기초, 판단기준 그리고 필요한 경향의 정도에 관한 물음은 관련문헌에서 바로 앞에서 짧게 지적한 다양한 가능성과 확정의 여지에 걸맞게 서로 대립하는 대답들이 난무하는 결과를 불러일으켰다. 우리가 여기서 해당하는 견해들을 하나하나 살펴볼 수는 없다.[103] 아무튼 문제에 대한 올바른 해결은 우리가 이제부터 자세히 다루고자 하는 두 가지 상반된 물음에 대해 어떻게 대답하느냐에 달려 있다. 상당성이론이 범죄체계론에서 어떠한 역할을 수행하는 것이 온당한지(결과, 판단의 기초 및 판단기준에 대한 규정은 이 물음과 관련된다)가 첫 번째 물음이고, '경향에 대한 판단'이 구체적으로 어떠한 의미를 갖는지(필요한 경향의 정도를 확정하는 것은 이 물음과 관련된다)가 두 번째 물음이다.

두 번째 물음을 먼저 다루어 보자. 이 물음과 관련해서는 무엇보다 예전부터 사용되어 온 막연한 개념인 경향을 더 분명하게 확정할 수 있는지가 중요하다. 크리스는 그가 자신의 서술의 중심에 놓고 있는, 객관적 가능성이라는 개념으로 경향 개념을 확정한다. 즉 특정한 형태의 행태가 특정한 형태의 결과를 야기하는 경향을 갖

---

103 이에 관해서는 앞에서 인용한 v. Kries, Rümelin, Radbruch, Traeger, M. L. Müller, Sauer, Tarnowski, Leonhard[앞의 책(각주 26), 153면 이하] 이 외에도 M. Liepmann, Zur Lehre von der 'Adäquaten Verursachung', Goltdammers Archiv für Strafrecht 52(1905), 326면 이하; Kriegsmann, Zur Lehre von der adäquaten Kausalität, Der Gerichtssaal 68(1906), 134면 이하; Honig, Kausalität und objektive Zurechnung, Festgabe für Reinhard von Frank, Band I, 1930, 174면 이하 참고. 또한 형법과 민법 교과서와 주석서도 참고.

고 있는 경우에 결과가 발생할 **가능성이 높아지고**, 행태가 존재함으로써 이 행태가 없는 것보다 훨씬 더 많은 다양한 사정들로부터 결과가 영향을 받게 되며, ─ 개연성 이론의 언어로 표현한다면 ─ 행태가 결과발생을 촉진하는 사정을 뜻한다면 이 행태는 이 결과의 상당한 원인이라고 한다.[104] 다른 학자들[105]은 상당성 관계를 토대가 되는 행태가 존재하는 경우 결과발생의 '예견가능성', 결과발생의 '높은 가능성(Beachtlichkeit)', 결과발생의 '낮은 가능성', 결과발생의 '개연성' 등으로 서술한다. 이른바 유형론(Typik) ─ 이는 예컨대 크리스만이 표방하고 있다[106] ─ 과 같은 특별한 이론은 행태와 결과가 결합하는 빈도에 초점을 맞추기도 한다.

내 생각으로는 이 다양한 표현들 ─ 각 표현을 제대로 이해한다면 ─ 은 모두 똑같은 내용으로 귀결된다. 크리스의 해결방법을 일단 제외하면, 어떤 결과가 어떤 행태에 연결되어 발생할 개연성이 있다면 이 결과가 이 행태에 뒤따른다는 것을 예견하고 주의할 수 있으며, 이 결과가 쉽게 발생할 가능성이 있으면 이 결과는 발생할 개연성이 있으며, 이 결과가 발생할 개연성이 있으면 결과가 발생하기 쉽다. 하지만 개연성 판단은 대부분의 경우(또는 항상?) 행태와 결과 사이의 '전형적' 연관성이 알려져 있다는 것에 기초한다. 이 모든 표현에서 명백히 핵심을 이루는 개념인 개연성은 **객관적**으로 이해해야 한다. 다시 말해 특정한 정도의 객관적 가능성으로 이

---

104 v. Kries, 앞의 논문(각주 26), 202면. 같은 의미의 서술로는 Traeger, 앞의 책(각주 15), 159면 이하; Müller, 앞의 책(각주 31), 31면; Tarnowski, 앞의 책(각주 12), 207면 이하 참고.

105 Liepmann, 앞의 책(각주 26), 1900, 72면; v. Bar, 앞의 책(각주 21), § 106; Sauer, 앞의 책(각주 58), 434면 이하.

106 Kriegsmann, 앞의 논문(각주 103). 143면, 148면 이하.

해해야 하고,[107] 특히 — 우리가 곧 보게 되듯이 — 낮은 정도의 개연성(행태와 결과가 이어질 빈도가 낮다는 것)만으로도 이미 상당성을 전제하기에 충분하다. 왜냐하면 만일 그렇지 않을 경우에는 상당성이론이 얼토당토않는 결론에 도달하기 때문이다(예컨대 아주 먼 거리에서 조준을 해서 가한 총격이 목표물에 명중한 때는 살해, 상해 등과 같이 고려 대상이 되는 구성요건결과의 상당한 원인으로 보아야 하지만, 이 총격 자체는 결과가 발생할 개연성이 비교적 낮다는 점을 생각해 보면 알 수 있다). 우리가 상당성 관계를 낮은 정도의 개연성 관계로 해석하고 개연성을 **객관적**으로 **차등화되는** 가능성으로 이해하게 되면 우리는 상당성에 대한 크리스의 규정에 부합하는 결론에 도달한다. 크리스의 규정은 바로 앞에서 논의한 상당성 규정에 **반대**된다고 주장하는 학자들이 많지만,[108] 자세히 살펴보면 단지 외관상으로만 반대되는 것처럼 보일 뿐이다. 물론 행태를 통한 결과발생 가능성의 '**증대**'에 초점을 맞추게 되면, 하나의 작위[109]는 이 작위 행위가 결과발생을 개연적으로 만든 경우에만, 다시 말해 이 작위 행위를 고려하지 않는 것만으로도 결과에 이르는 똑같은 경향 또는 거의 똑같은 경향이 존재하지 않았던 경우에만 결과의 상당한 원인을 뜻한다는 특수한 사고를 표현하게 된다.[110] 하지만 이와 같은 사고는 너무나도 당연한 나머지 이에 대해 **아무런 반론도 제기되지 않는다.**

---

107 이에 관해서는 Traeger, 앞의 책(각주 15), 118면 이하 참고.

108 이에 관해서는 앞에서 인용한 Traeger, Müller, Tarnowski 참고.

109 부진정 부작위범은 작위와는 완전히 반대되는 결론에 도달한다. 왜냐하면 부진정 부작위범에서는 그 자체 주어져 있는, 결과발생의 개연성을 낮추지 않았다는 이유로 행위자를 비난하기 때문이다.

110 이에 관해서는 Tarnowski, 앞의 책(각주 12), 214면 이하, 226면 이하와 사례에 대해 언급하는 212면 참고.

즉 다른 이론들이 이 사고를 명시적으로 표현하지 않을 뿐, 당연한 것으로 전제한다. 이 밖에도 결과발생의 가능성은 오로지 결과가 뒤따를 개연성을 만드는 행태를 통해서만 눈에 뜨일 정도로 중대될 수 있다. 그리고 이와 같은 개연성이 필요한 정도는 우리가 앞에서 제시했던 정도와 조금도 다르지 않다.[111] 우리가 제시했던 정도는 다음과 같이 소극적으로 표현하는 것이 가장 정확하다. 즉 행태가 결과를 유발할 개연성이 전혀 없어서는 안 된다.[112] 이에 따라 우리는 다음과 같이 말하게 된다. 즉 하나의 행태는 이 행태와 함께 판단의 기초를 형성하는 주요 사정들 속에서 결과가 행태에 뒤따를 개연성이 전혀 없는 것은 아니라고 기대하게 만든다면, 이 행태는 특정한 형태의 결과에 대한 상당한 원인이다. 우리가 여기에 다시 "하나의 행태가 이 행태에 유해한(구성요건에 해당하는) 결과가 뒤따를 개연성이 전혀 없는 것은 아니라고 기대하게 만든다면, 이 행태는 해당하는 결과의 방향으로 향할 '위험'이 있다고 지칭할 수 있다(왜냐하면 위험이란 어느 정도의 침해 가능성이기 때문이다)"는 문장까지 추가하게 되면 우리는 상당성 개념에 대해 다수의 학자들에게 이 개념의 의미를 분명하게 보여 준다고 여겨지는 특성을 부여한 셈이 된다. 상당성이 있는 행태란 결과의 방향으로 향할 위험이 있는 작위와 부작위이고,[113] 단지 '우연적'으로만 결과를 야

---

111 물론 타르노브스키는 '상대적 가능성 고찰'을 토대로 삼을 때에는 정도의 차이는 더 이상 중요하지 않다고 생각한다. 즉 결과발생 가능성을 높이는 정도에 관계없이, 가능성을 높이기만 한다면 상당성을 전제하기에 충분하다고 본다[Tarnowski, 앞의 책(각주 12), 217면 이하]. 이에 관해서는 Leonhard, 앞의 책(각주 26), 155면 이하; Engisch, Untersuchungen über Vorsatz und Fahrlässigkeit, 1930, 161면 이하 참고.

112 비슷한 입장으로는 v. Hippel, 앞의 책(각주 46), 149면 참고.

113 물론 엄밀하게 보면 부작위와 관련해서는 위험이 행태 바깥에 있고, 따라

기하는, 상당성이 없는 행태란 결과의 방향으로 향하는 (비교적) 위험하지 않은 작위와 부작위이다.

이렇게 충분할 정도로 명확해진 상당성이론에 대해서는 이제 다음과 같은 핵심적인 문제가 제기된다. 즉 상당성이론을 어떻게 인과관계이론으로 정당화할 수 있을까? 상당성이론은 과연 인과관계이론인가? 만일 인과관계이론이라면 어떤 측면에서 인과관계이론인가?

크리스에게 상당성이론의 토대는 섬세한 법감정이다. "이와 같은 사고를 펼치고 우리의 판단을 이 생각에 따르도록 하는 일은 나에게는 교양 있는 법감정의 특징으로 보인다. 교양이 없는 자에게는[114] 오로지 개별사례의 구체적 인과성에 따라 판단하는 것이 적합하고, 교양 있는 법감정에서는 일반화하는 고찰이 특징이 된다." 이러한 사고는 조건설이 **여타의 범죄구성요소들을 고려**할지라도 입법자가 추구했을 것으로 추정되는, 모든 법적 사례에 대한 만족스러운 결정을 제시할 수는 없다는 점에서 조건설이 필요로 하는 보충이 상당성이론을 통해 이루어진다는 점을 증명 – 이는 트래거가 시도하는 증명이다[115] – 함으로써 더욱 확실한 내용을 갖추게 된다. 실제로 이와 같은 방법의 정당화를 다른 방법보다 더 선호해야 할 것이다. 나는 조건설이 무한회귀(regressus in infinitum)에 빠지게 된다고 비판하는 것보다 이 방법이 훨씬 더 의미가 있다고 본다. 이러한 무한회귀가 실제로 존재한다면, 우리의 법원이 50년 전부터 별다른 어려움 없이 조건설에 따라 작업하고 있다는 사정을

서 명령된 작위를 행하지 않은 부작위가 이 위험을 제거하지는 못한다.

114 v. Kries, 앞의 논문(각주 26), 225면.

115 Traeger, 앞의 책(각주 15), 73면 이하.

이해할 수 없을 것이다. 실제로 개념들의 논리적 질서(대다수의 학자들에게 인과관계는 위법성과 책임에 앞서는 지위를 갖고 있다)를 개별 사례를 심사하는 계획으로까지 여기는 학자들만이 조건설의 무한회귀를 지적한다.[116] 이렇게 논리적 질서를 심사 계획으로까지 여기는 것은 이념적으로는 타당할지 모르지만, 현실적으로 수행할 수 없을 뿐만 아니라, 인과성의 문제가 일반적으로 위법성과 책임까지 충족한다는 **혐의가 있는** 행태에 대해서만 제기되는 현상에 비추어 볼 때에도 이 계획이 실제로 수행되지는 않는다. 이와 같이 나는 **상당**인과관계가 현실적으로 반드시 필요한 범죄구성요소라는 것을 증명하는 방법을 높이 평가하는데, 이러한 방법에 대해 인과성은 설명의 원칙일 뿐, 결코 형법적 평가의 원칙은 아니라는 반론이 제기되고 있다.[117] 만일 이 반론이 옳다면 상당성이론은 당연히 커다란 난관에 봉착할 것이다. 왜냐하면 조건설은 — 상당성이론처럼 — 사건의 개별적 요소로부터 벗어나 사안을 개략적으로 포착하는 것이 아니라, 모든 구체적 사정들을 최대한 정확하게 법칙적 관계에 비추어 심사하기에 이러한 조건설이 현상에 대한 인과적 설명에 가장 완벽하게 부합하는 이론이 될 것이기 때문이다. 그러나 앞에서 이미 자세히 설명했듯이 형법에서 인과성은 사실상 설명의 원칙이 아니라, 형사책임의 전제조건으로 평가해야 한다.

---

116 이 점에서도 앞에서(12면 이하) 내가 비판했던 에버하르트 슈미트의 견해는 문제가 많다. 즉 조건설은 인과관계를 판단하기 위한 '자료수집'에는 결코 적합하지 않다.

117 Liepmann, 앞의 논문(각주 103), 342면 등; ders., Kriegsmann †, ZStW 36(1915), 89면 이하; Graf zu Dohna, Beitrag zur Lehre von der adäquaten Verursachung, Monatsschrift für Kriminalpsychologie und Strafrechtsreform 2(1906), 426면.

물론 인과성에 대한 이와 같은 이해에 대해서는 다시 이것이 인과성 개념을 가지고 장난을 치는 것에 불과하고, 원래 자연에 대한 설명의 범주인 인과성은 단순히 어떤 형벌요건의 명칭으로 사용되어서는 안 된다는 반론이 제기될 수 있다. 이와 같은 반론은 상당성이론이 인과성을 완전히 제멋대로 형사책임의 전제조건을 지칭하는 데 사용하고 형법적 인과성 개념을 자연적 인과성 개념과 더 이상 결합시키지 않는다면 얼마든지 타당할 것이다. 하지만 상당성이론이 그와 같은 자의를 저지른다고 주장할 수는 없을 것이다. 왜냐하면 행태와 결과 사이의 상당한 연관성의 성격을 규정하는 개연성 관계와 빈도 관계는 사건들의 객관적 연쇄의 관계이고, 따라서 상당성이론에서도 인과성 개념과의 밀접한 결합을 얼마든지 인식할 수 있기 때문이다.[118]

따라서 우리는 상당성이론의 타당성을 심사하기 위해 트래거가 따르는 방법을 이용하는 것을 조금도 주저할 필요가 없다. 그리하여 우리는 다음과 같은 물음을 제기한다. 즉 조건설과는 구별되는 상당성이론만이 이성의 작품으로 여겨지는 법률 앞에서 당당히 책임을 다하는 결정에 도달하기 때문에 결국 인과관계이론으로서의 상당성이론은 필수불가결한 것일까?

이 물음에 답하기 위해 우리는 곧바로 상당인과관계라는 구성부분이 없어서는 안 된다고 여겨지는 다음과 같은 경우들[119]을 살펴보기로 하자.

1. 결과적 가중범(이에 대해서는 앞의 14면 이하에서 이미 약간 언급했다). 또한 책임원칙이 엄격하게 적용되는 영역, 즉 통상의 결과범

---

118 이에 관해서는 v. Kries, 앞의 논문(각주 26), 196면 이하 참고.
119 이에 관해서는 v. Hippel, 앞의 책(각주 46), 145면 이하 참고.

의 경우.

2. 어떤 행태가 일반적으로 보면 극히 낮은 정도의 결과발생 위험을 수반하지만, 구체적인 사례에서 우연히 구성요건결과를 낳게 된(즉 이 결과의 조건이 된) 경우. 예컨대 A가 B를 자동차 여행 또는 기차 여행에 함께 데리고 갔는데, 우연히 사고가 나서 B가 사망했다. 또는 천둥이 치는 날 A가 B를 숲에 보냈는데, 그곳에서 B가 벼락을 맞고 사망했다. 이 사례들과 관련해 A가 자신의 행위(여행에 데리고 간 것, 숲에 보낸 것)를 할 때 구성요건결과를 **추구**(erstreben)했고, 개연성이 희박함에도 불구하고 결과발생을 희망했던 경우에 대해 많은 논의가 이루어졌다. 이와 같은 경우에는 결과를 의도한 것으로 보이고, 따라서 고의의 책임을 물어야 할 것이며 고의의 살해로 처벌하는 것에 의문을 제기하는 관점들은 오로지 상당성이론을 원용할 때에만 고려할 수 있다고 보인다.[120]

3. 그 자체로는 유책하고 위법성이 있는 위험한 행태이지만, 구체적 사례에서 오로지 우회로를 거쳐야만 구성요건결과에 도달하는 경우. 예컨대 A가 유책하고 위법하게 B에 총격을 가해 생명이 위험할 정도로 부상을 입혔지만, B는 총격으로 인한 부상이 아니라, 입원한 병원의 화재로 인해 사망했다. 앞에서 언급했던 마취제 사례 역시 이와 같은 사례에 속한다.

4. 다수의 사람이 결과발생에 공동으로 참여한 문제영역들 가운데 몇몇 경우. 이 경우와 관련해서는 A가 부주의하게 자신의 권총을 싸움으로 난장판이 된 술집의 구석에 놔두었고, B가 이 권총을 집어 C를 고의로 살해한 사례를 예로 들 수 있다.

---

120 Traeger, 앞의 책(각주 15), 76면.

우리는 마지막 네 번째 경우는 일단 고찰에서 배제하고, 나중에 다른 맥락에서 다루도록 한다. 다른 세 가지 경우에는 결과에 작용을 했다는 이유[121]로 형사책임을 묻는 것이 법감정에 반하긴 하지만, 행태와 결과 사이의 조건관계를 부정할 수는 없다. 따라서 조건설은 이와 같은 경우에 여타의 범죄구성요소(위법성과 책임)의 수정 기능을 통해 합리적 결론이 보장된다는 것을 증명해야 한다. 실제로 조건설은 오래전부터 이러한 증명을 위해 노력해 왔고, 특히 책임을 규제 장치로 제시했다.[122] 물론 이를 통해 조건설이 여전히 비정상적인 예외로 남아 있는 결과적 가중범에서는 목표에 도달하지 못한다. 더욱이 2와 3의 경우에 해당하는 사례에서도 **결과에 대한 주관적 관련성**이라는 요소에 의한 수정이 부분적으로는 제대로 기능하지 못한다는 것을 밝힐 수 있다.

2에 해당하는 사례와 관련해서는 결과에 대한 주관적 관련성이 없고 특히 비교적 위험하지 않은 행태가 구성요건결과에 이를 것이라는 행위자의 희망만으로는 결과와 책임 사이의 관계를 인정하는 데 충분하지 않다고 말하는 것이 통상의 사고에 부합할 것이다.[123] 그렇지만 이렇게 말할 때에도 행위자의 사고와 감정이 자신의 외적 행태가 위험하지 않다는 점에 지향되어 있을 것을 언제나 전제해야 한다. 이와는 달리 외적으로는 위험하지 않음에도 불구하고 행위자의 사고와 가치감정에 책임이 확고하게 자리 잡고 있는 상황도 얼마든지 있을 수 있다. 예컨대 B가 벼락에 맞을 것이라고 희망하

---

121 가벌적 미수에 해당하는지는 별개의 문제이다.

122 전형적인 예로는 Pomp, 앞의 책(각주 17), 67면 이하 참고.

123 이에 관해서는 Engisch, 앞의 책(각주 111), 154면 이하의 각주 32와 33에 언급된 학자들 참고. 반대되는 입장으로는 Traeger, 앞의 책(각주 15), 167면 이하 참고.

면서 B를 숲속으로 보낸 A가 (착오이긴 하지만) 위험이 상당히 높다고 여기는 상황을 얼마든지 생각해 볼 수 있다. 이때에는 희망이 결코 단순한 희망이 아니라, 진정한 의도이고, 이 의도는 절대적으로 법률이 의미하는 고의를 인정하기에 충분하다. 그러나 **객관적으로** 볼 때 고려할 만한 위험이 존재한 것이 아니라, 결과발생이 순전한 우연으로 여겨지는 경우인데도 행위자로 하여금 발생한 결과에 대해 책임을 묻는 것은 법감정에 반하기 때문에 결과가 발생할 어느 정도의 개연성이라는 요건(상당성이라는 요건)만이 **객관적** 행위요소로서 도움이 될 수 있다.[124] 만일 우리가 예로 든 사례에서 결국 사망하게 된 B 자신이 그가 (비록 낮은 정도이긴 하지만) 위험 — 이 위험의 실현으로 인해 B가 사고를 당한 것이다 — 에 처하게 된다는 것을 뚜렷이 의식하고 있었다는 사정까지도 고려해야 한다고 반론을 제기한다면, 이러한 반론에 대해서는 B가 이러한 사정을 전혀 모르는 사람이거나 책임무능력자(어떠한 속성의 책임무능력자인지는 중요하지 않다)인 경우에는 그와 같은 의식이 없을 수도 있다고 재반론을 펼칠 수 있다.

이제 3의 경우에 해당하는 사례들과 이 사례들을 책임이라는 요소를 통해 만족스럽게 해결할 수 있는 가능성을 자세히 살펴보자. 이와 관련해 조건설을 취하는 학자들은 예컨대 다음과 같이 말할 수 있다. 즉 행위자가 **사실상의 인과과정**을 예견했거나 (행위자의 개인적 능력에 비추어 볼 때) 예견할 수 있었다는 사정이 곧 결과에 대한 책임(고의 또는 과실)에 속하는데, 3에 해당하는 사례에서는 이와

---

124 **책임**이 성립하기 위해서는 예견, 예견가능성 등 이외에 '예견의무(Voraussehensollen)'까지 존재해야 한다는 주장은 이와 같은 필연성을 은폐하는 것일 따름이다.

같은 것이 존재하지 않는다. 왜냐하면 나중에 병원에서 화재로 사망한 B에게 치명적인 부상을 입힌 A는 총격에 따른 부상(뇌 또는 심장의 손상)의 직접적인 결과로 B가 사망할 것을 생각했고 또한 이 경우만을 생각할 수 있었을 뿐, 병원의 화재로 인해 B가 사망하는 경우를 생각하지 않았고 생각할 수도 없었기 때문이다. 마취제 부작용으로 사망한 사례에서도 부주의하게 폭죽을 터뜨린 행위자도 피해자가 화상으로 사망하는 것을 생각할 수 있었을 뿐, 마취제로 인해 사망하는 것은 생각할 수 없었다. 그러나 예견 및 예견가능성과 실제의 인과과정을 이런 식으로 함께 고려해야 한다는 조건설의 요구를 자세히 고찰해 보면 이 요구를 이행할 수 없다는 사실이 드러난다. 즉 만일 A가 B의 사망을 심장을 겨눈 총격의 즉각적인 결과로 예상한 반면, 실제로 B는 폐에 총을 맞아 이 부상으로 인해 시간이 조금 흐른 이후에야 사망했다면 A를 고의의 살인으로 처벌하지 못할 수도 있다. 이와 마찬가지로 A가 자신의 자동차로 한 아이를 치었고, 이 아이는 파열된 상처에 파상풍이 생겨 사망했다면, 지금껏 파상풍이라는 말을 들어본 적이 없는 A가 이 특수한 인과과정을 예견할 수는 없었다고 보아야 한다. 그렇기 때문에 ― 구성요건결과 자체에 대한 예견 또는 예견가능성을 전제하면 ― 결과에 이르는 인과과정이 행위자가 예견하지 않았고 개인적으로 예견할 수도 없었지만, '통상적인 경험'[125]의 범위 내에 있다면, 행위자에게 이 결과에 대한 책임을 부담시키지 않을 수 없게 된다. 그러나 인과과정이 통상적인 경험과 일치해야 한다는 이러한 요건은 결코 결과에 대한 주관적 관련성의 요소가 아니라, 객관적 요소이

---

125 제국법원 판결집 제29권, 218면 이하에 등장하는 표현.

며, 바로 상당성이라는 요소이다. 왜냐하면 실제로 일어난 인과과정이 통상적인 경험의 범위 안에 있다는 것은 행위자의 행태가 이러한 인과과정을 개연성이 전혀 없는 결과로 기대하지는 않았다는 판단과 같은 의미이기 때문이다. 이로써 앞에서 말한 3의 경우에 해당하는 사례들과 관련해서는 결과에 대한 주관적 관련성을 조건설이 사용할 수 있다고 희망하는 규제 장치로 삼을 수 없다는 점이 밝혀졌다.[126]

하지만 우리는 **위법성**이라는 요소를 조건설이 찾고 있는 수정 장치로 볼 수 있는지에 대해서는 아직 검토하지 않았다. 일단 2와 3의 경우에 해당하는 사례들을 검토해 보면 ─ 1의 경우는 일단 이러한 검토의 대상이 아니다[127] ─ 조건설의 입장에서는 다음과 같이 말할 수 있다. 즉 단순히 조건이 된다는 것만으로 이미 결과를 야기한다고 보기에 충분하다는 조건설의 입장을 고수하지만, 행위자가 개연성이 전혀 없다고 할 수 없는 결과로서 비난의 대상이 되는 결과를 불러일으킨 행태를 보인 때에만 행위자가 법규범에 반해 행위한 것이 된다는 점은 인정한다고 설명할 것이다. 결과에 상당한 행태라는 구성요소는 형법적 인과관계 개념의 구성부분이 아니라, 위법성이라는 범죄성립요소이다. 이러한 사고를 뮐러는 모범적일 정도로 명확하게 펼치고 있다.[128] 뮐러의 서술은 다음과 같은 문장에서 정점에 도달한다. "인간은 오로지 그것을 수행하는 것이 법규범을 통해 그에게 정립되어 있는 목적(일정한 형태의 결과를

---

126 이에 관한 상세한 내용은 Engisch, 앞의 책(각주 111), 72면 이하, 379면 이하 참고.
127 이에 관해서는 뒤의 94면 이하와 106면 이하 참고. 우리가 이제부터 서술하는 내용은 오로지 통상의 결과범에만 관련된다.
128 M. L. Müller, 앞의 책(각주 31), 22면 이하.

야기하거나 야기하지 않는 것)을 위해 인간의 추상적인 인식의 관점에서 필요하다고 여겨지는 작위를 행하지 않거나 또는 동일한 관점에서 필요하다고 여겨지는 부작위를 행한 때에만 객관적으로 법규범을 위반할 수 있다."[129] 이 내용은 오로지 "사전에(ex ante) 인식할 수 있는 사정에 대한 인간의 추상적 인식을 고려하는 가운데 규범을 통해 정립된 목적이 달성되지 못할 객관적 가능성을 상승시키는"[130] 행태에만 해당한다. 이로부터 다음과 같은 결론이 도출된다. 즉 '예측의 관점에서 나타나는 결과발생 가능성의 상승'이라는, 상당성이론이 제기하는 요건은 사실상 인과관계 문제의 고찰이 전개되는 출발점이 되는, 법적 효력을 갖고 있는 대다수 구성요건에서 제시되어 있는 요건이다. 다만 결과에 대한 행태의 **원인적 성격**이라는 요소가 아니라, 행태의 객관적 위법성이라는 요소로 제시되어 있을 따름이다.[131]

우리가 이 사고와 밀접한 관련이 있긴 하지만, 이 맥락에서는 아직 충분히 활용하지 않았던 개념과 결합시키면 이러한 사고가 아마도 더욱 분명해질 것이다. 그것은 바로 주의(Sorgfalt)라는 개념이다. 즉 인간은 그가 회피해야 할 결과를 회피하기 위해 '**객관적으로 필요한 주의**'를 기울이지 않았을 때에만 위법하게 행동한 것이 된다. 이와 같은 의미의 '필요한 주의'란 결과를 유발할 **개연성이 전혀 없지 않은** 행위를 하지 않거나 또는 **어느 정도의 개연성을 갖고 예견할 수 있는** 상황에서 이 결과를 저지하기에 **적합한** 행위를 행하는 것을

---

129 M. L. Müller, 앞의 책(각주 31), 28면.
130 M. L. Müller, 앞의 책(각주 31), 31면. 필요한 상승의 정도에 대해서는 34면 이하 참고.
131 32면. 뮐러와 유사한 입장으로는 Sauer, 앞의 책(각주 58), 431면 이하; Honig, 앞의 논문(각주 103), 187-188면 참고.

뜻한다. 따라서 필요한 주의를 기울이지 않았다는 것은 언제나 상당한 행태를 의미하고, 이 점에서 상당성이라는 요소는 필요한 주의를 기울이지 않았다는 요소에서 확연하게 드러난다.[132]

우리가 상당성이 원래 위법성의 영역에 자리 잡는다는 관점 — 내가 보기에 이는 타당한 관점이다 — 을 취할지라도 상당인과관계의 문제가 해결되는 것은 아니다. 이 문제와 관련된 우리의 근원적인 탐구를 계속 진행하기에 앞서 우리는 먼저 바로 앞에서 얻은 관점으로부터 출발할 경우 결과의 일반화, 기초의 확정 및 판단기준의 선별이 어떻게 이루어져야 하는가라는 물음을 검토하는 것이 바람직하다. 앞에서(72면) 지적했듯이 범죄개념의 범위 내에서 상당성이 갖고 있는 체계적 의미는 상당성이 결과, 기초 및 기준의 규정에도 영향을 미친다는 점이다. 그리고 위법성, 즉 '필요한 주의를 기울이지 않은 것'을 확인하기 위해 행태의 상당성에 대한 물음을 별도로 제기하게 되면, 물음을 제기하는 방식 전체를 **이러한**

---

132 나의 책(각주 111) 283면 이하에서 나는 필요한 주의를 기울이지 않았다는 구성요소를 상당성이라는 범죄성립요소와 결합시키긴 했지만, 후자의 요소가 전자의 요소에서 확연하게 드러난다는 점을 충분할 정도로 명확하게 강조하지는 않았다. 이 밖에도 상당성이라는 요소가 위법성이라는 요소 또는 필요한 주의를 기울이지 않았다는 요소에서 확연하게 드러난다는 점을 상당성, 위법성, '주의를 기울이지 않음'이 동일하다는 의미로 이해해서는 안 된다는 점도 강조할 필요가 있다. 따라서 상당하고, 이 점에서 일견 위법하게 여겨지는 행태도 다른 관점(즉 정당방위, 허용된 위험 등과 같은 정당화 사유의 관점)에서는 합법적일 수 있다. 다시 말해 비록 상당한 행태만이 위법한 것이긴 하지만, 모든 상당한 행태가 곧 위법한 것은 아니다. 여기서 위법성과 필요한 주의를 기울이지 않는 것 사이의 상호관계를 논의할 필요는 없다. 단지 '주의를 기울이지 않음'이 (결과에 대한 주관적 관련성의 요소가 아니라) 위법성의 요소라는 점을 강조하는 것만으로 충분하다.

심사목적에 맞게 조율해야 한다. 그리하여 구체적으로는 다음과 같은 점이 밝혀진다.[133]

1. 결과의 일반화와 관련해서는, 위법성이라는 범죄구성요소(상당성은 이 요소에 포함되어 있다)는 특정한 가벌적 행태가 포섭되어야 할 법률구성요건에 부합하는 법규범을 위반한다는 것을 뜻한다는 전제에서 출발해야 한다. 이러한 법규범은 당연히 법률구성요건에 유해한 것으로 명시되어 있는 결과의 회피, 다시 말해 구성요건적 결과의 회피를 내용으로 한다. 상당성판단이 구성요건적 결과의 회피에 지향된 이러한 법규범을 위반하는 행위를 확인하는 것이라면, 상당성에 관한 물음은 **이러한** 결과와 관련된 '위험성'에 대한 물음이 되지 않을 수 없다. 다시 말해 **법률구성요건의 기준에 따라** 결과를 일반화해야 한다. 예컨대 살인죄(제211조 이하)에서는 "행태가 살인이라는 결과와 관련해 상당한가?"가 상당성에 관한 물음이 된다.[134] 만일 행태가 이러한 상당성을 갖고 있다면, 이 방향에서 행태의 위법성이 밝혀지게 된다. 이는 — 이 지점에서 이미 이렇게 확인해도 무방할 것이다 — 마취제 부작용으로 사망한 사건과 같은 사례에서 현실적으로 의미가 있다. 즉 이와 같은 사례에서는 인과과정이 매우 이례적임에도 불구하고 상당성과 위법성이 충족되어 있다고 볼 수 있다. 왜냐하면 다른 사람 가까이에서 부주의하게 폭죽을 터뜨리는 것은 **사람의 생명에** 위험하기 때문이다. 따라서

---

133 우리는 범죄의 다양한 발현형태, 즉 적극적으로 규정된 결과를 갖는 범죄, 소극적으로 규정된 결과를 갖는 범죄, 작위범과 부작위범 등을 고려할 것이다.

134 형법 제139조는 회피해야 할 **소극적(부정적)** 결과에 관련된 예를 제공한다. 즉 이 조항에 따르면 행정청 또는 위험에 처한 자가 곧 다가올 범죄를 제대로 인식하지 못하는 상황을 회피해야 한다.

이 행태가 특별한 형태의 구성요건적 결과(마취제로 인한 사망)의 상당한 원인인가라는 물음은 행태의 위법성 자체를 확인할 때에는 중요하지 않다.

2. 법규범은 구성요건결과의 회피를 오로지 행위가 이루어지는 **시점과 장소** 또는 행위해야 할 시점과 장소에서 (최소한 개연성이 없지 않다고) 알려져 있거나 인식할 수 있는 사실상의 상황을 기준으로 해서만 요구할 수 있다. 왜냐하면 법질서에 따라 주의를 기울이고 구성요건적 결과를 회피하고자 하는 사람은 오로지 **이러한** 상황만을 기준으로 삼을 수 있기 때문이다. 이로부터 다음과 같은 결론이 도출된다. 즉 누군가가 위법하게 행동했는가(다시 말해 필요한 주의를 기울이지 않았는가)라는 물음과 ― 이에 뒤따르는 ― 누군가가 구성요건에 해당하는 결과를 상당한 방식으로 야기했는가라는 물음은 오로지 '사전에' 행위가 이루어지는 장소에서 (최소한 개연성이 없지 않다고) 알려져 있거나 인식할 수 있었던 **사실상의 사정을 기초로 할 때**에만 대답할 수 있다. 하지만 곧바로 "**누구에게** 이 사정이 알려져 있거나 인식할 수 있다는 말인가?"라고 묻게 된다. 이 물음에 대한 대답은 위법성(필요한 주의를 기울이지 않은 것)이 개인적 동기형성의 비난 가능성(이때 '인식의 오류'에 대해서는 비난하지 않는다)에 해당하는 책임과는 반대로 행태의 내용 자체가 정당하지 않다는 것을 뜻한다는 생각으로부터 도출된다. 즉 특정한 시점 특정한 장소에서 무엇이 **내용적으로 타당**했었는지는 행위자에게 알려져 있고 인식 가능했던 사정만을 고려해서 확인해서는 안 된다.[135] 오히려 행위자와는 달리 인식능력의 흠결이 없는 상태에서 주의 깊고 적

---

135 v. Kries, 앞의 논문(각주 26), 228면 이하에서 등장하는 관점('주관적으로 사후적인 예측'이라는 관점)도 같은 방향으로 흐른다.

극적으로 관심을 갖는 사람이라면 얼마든지 인식할 수 있었을 사정까지도 함께 고려해야 한다. 다시 말해 상당성 및 위법성을 확인하기 위해서는 행위자에게 알려져 있었고 인식 가능했던 사정뿐만 아니라, '통찰력이 가장 뛰어난' 사람[136]이라면 감안했을 사정까지도 기초로 삼아야 한다. 더 짧게 표현하자면('통찰력이 가장 뛰어난' 사람일지라도 인식할 수 없는 것은 행위자도 인식할 수 없을 것이기 때문에),[137] 행위자에게 알려진 사정은 통찰력이 가장 뛰어난 사람에게 인식 가능한 사정을 통해 보충되어야 한다고 말할 수 있다.[138] 한편으로는 행위자에게 알려져 있던 사정을, 다른 한편으로는 통찰력이 가장 뛰어난 사람이 인식할 수 있는 사정을 고려하는 것은 결국 '이원주의'를 취하는 것이기 때문에 거부감의 대상이 될지도 모른다. 실제로 이러한 이원주의가 존재하지만, 이는 불가피하다.[139] 왜냐하면 행위자에게는 '우연히' 알려졌지만, 통찰력이 가장 뛰어난 사람에게 그 자체 인식할 수 있을 필요가 없었던 사정, 다시 말해 행위자에게 '우연히' 알려졌다는 사실 때문에 고려해야만 하고 또한 오로지 그 때문에 고려해도 무방한 사정이 존재하기 때문이

---

136 Traeger, 앞의 책(각주 15), 159면.

137 왜냐하면 여기서 우리가 생각하는, 통찰력이 가장 뛰어난 사람이란 인식 능력에 어떤 식으로든 부담을 주고 있는 흠결로부터 완전히 벗어난 행위 자 자신일 수밖에 없기 때문이다.

138 특히 Traeger, 앞의 책(각주 15)도 이러한 관점을 취한다(객관적으로 사후적인 관점). 이에 반해 뤼멜린(Rümelin)은 지나칠 정도로 객관적 관점을 취한다.

139 M. L. Müller, 앞의 책(각주 31), 31면에서는 통찰력이 가장 뛰어난 사람이 **인식할 수** 없는 것은 행위자에게도 결코 **알려져 있을** 수 없다고 생각하는데, 이는 잘못된 생각이다. 나 역시 앞의 책(각주 111), 284면, 301면, 313면에서 (81면에서와는 달리) 이 불가피한 이원주의를 충분히 고려하지 않았다.

다. 예컨대 피해자가 희귀한 혈액형을 갖고 있다거나, 피해자의 두개골이 비정상적으로 얇다는 사정 또는 이와 유사한 속성을 생각해 보면 된다. 내 생각으로는 (트래거처럼) 통찰력이 가장 뛰어난 사람이 인식할 수 있는 사정에서 출발하면서 법감정을 감안하려는 목적에서 행위자에게 알려져 있는 사정을 상당성 판단의 기초에 부수적으로 추가할 것이 아니라, (내가 여기서 서술하고 있는 것처럼) 일단 행위자에게 알려져 있고 인식할 수 있었던 사정으로부터 출발하면서 단지 행위자의 인식능력상의 흠결(감각, 경험적 지식, 판단력 등의 흠결) — 왜냐하면 이러한 불완전성은 명백히 흠결이 있는 동기형성의 문제(책임의 문제)에만 관련되기 때문이다 — 로 인해 발생하는 한계만을 제거한다면 이러한 이원주의에 대해 별다른 거부감을 갖지 않을 것 같다. 이 밖에도 상당성판단의 기초를 설정하는 이러한 방법이 일상생활과 법원의 판결실무에서 주의의무의 내용으로 여겨지는 것까지도 함께 고려하고 있다는 점에 대해서는 어떠한 의문도 있을 수 없다. 누구든지 일단은 자신에게 알려진 것을 기준으로 삼아야 한다. 만일 내 옆에 있는 사람 X가 혈우병 환자라는 것을 내가 알고 있다면, '두 배로 주의해야 하고' 극히 약한 정도의 침해를 유발할 수 있는 어떠한 행위도 행해서는 안 되고, 따라서 사망이라는 결과가 뒤따를 개연성을 조금이라도 갖고 있는 행위를 행해서는 안 된다는 것은 자명한 일이다. 하지만 사실상으로 알려진 것을 제외한다면, '통찰력이 가장 뛰어난' 사람이 인식할 수 있는 것만이 객관적으로 필요한 주의의 내용이 될 수 있다. 이렇게 해서 '이원주의'는 상당성판단이 "필요한 주의를 기울이지 않았다"는 사실을 확인하는 데 기여한다는 관점을 통해 자연스럽게 설명할 수 있으며, 이로써 낯설다는 이유로 이원주의에 대해 가질

지도 모를 거부감 역시 사라지게 된다.[140]

3. 판단의 기초(앞의 2 참고)에 비추어 볼 때 구성요건결과에 대한 행태의 상당성을 인정할 수 있는지를 판단하는 **기준**을 제공하는 것은 '최상의 법칙적 지식(여기에는 행위자 자신의 특별한 이론적 지식도 포함된다)'이어야 한다. 왜냐하면 앞에서 상당성판단의 기초가 되는 사실들의 경계를 설정할 때와 비슷하게 판단의 기준과 관련해서도, **법규범에 반하는 것**(위법성), 즉 **내용적으로 부정당한 것**을 확인할 목적에서 상당성을 확인할 때에는 행위자의 불완전한 지식이 아니라, 통찰력이 가장 뛰어난 사람의 지식을 통해 보충되는 행위

---

140 상당성판단의 기초를 규정하기 위해 위의 본문에서 전개한 원칙들은 작위(적극적 행위)를 통한 결과범과 부작위를 통한 결과범 모두에 해당한다. 다만 적극적 행위를 통한 결과야기의 경우에는 이 행위 자체를 포함시켜 상당성판단의 기초를 규정해야 하는 반면, 부작위를 통한 결과야기의 경우에는 부작위와는 관계없이 일단 판단의 기초에 대한 규정과 구성요건결과에 대한 위험의 확인 이후에 어떠한 적극적 행위가 결과발생의 위험을 회피하기에 적합할 개연성이 있었는지를 확인한다는 점에서 양자 사이에 차이가 있다. 부작위와 관련된 내용은 — 과실범에게 책임을 부과하는 경우처럼 — 인식을 제대로 갖추지 못했다는 사실을 부작위로 파악하는 사례에도 해당한다. 이에 관해 자세히는 Engisch, 앞의 책(각주 111), 296면 이하, 313면 이하 참고. 상당성판단의 기초를 어떻게 설정할 것인지에 관련된 내용은 여기서 상세하게 논의하지 않겠다. 다만 한 가지 점에서는 있을 수 있는 혼란을 예방할 필요가 있다. 즉 행위자의 인식능력상의 흠결은 상당성판단의 기초에 대한 경계설정에서는 고려하지 않아야 하지만, 경우에 따라서는 판단의 기초 자체의 구성부분으로 고려해야만 할 수도 있다. 예컨대 돌팔이 의사가 환자를 치료했다면, 이 돌팔이가 진단을 할 능력이 없다는 사실은 구성요건적 결과(살인, 상해)에 비추어 치료행위의 상당성을 심사하는 토대가 되는 사실들의 경계설정에서는 아무런 의미가 없지만, 치료의 위험성을 판단할 때에는 이러한 능력상의 흠결을 돌팔이 자신에게 알려져 있었거나 최소한 통찰력이 가장 뛰어난 사람이 인식할 수 있었던 사실로서 상당성 판단의 기초로 포함시켜야 한다. 이에 관해서는 Engisch, 앞의 책(각주 111), 349면 이하 참고.

자의 지식이 결정적인 의미를 가져야 한다는 원칙이 적용된다.[141] 따라서 행위 시점에서의 최상의 지식이 기준이 되어야 하는지 아니면 판단 시점에서의 최상의 지식이 기준이 되어야 하는지를 물을 수 있다. 왜냐하면 학문의 진보로 인해 예전에는 위험하거나 부적절하다고 여겨지던 것이 위험하지 않거나 적절하다고 인식될 수 있고 또한 그 역도 가능하기 때문이다. 예컨대 어떤 광선이 인간의 유기체에 미치는 영향을 생각해 보면 이 점을 잘 알 수 있다. 그렇지만 내 생각으로는 **행위** 시점에서의 최상의 법칙적 지식에 초점을 맞추는 것이 타당한 결론인 것 같다. 왜냐하면 상당성 판단에서는 위법성과 '주의를 기울이지 않음'을 확인하는 것이고, 이때에는 행위하는 순간에 접근할 수 있었던 지식 이외의 지식을 고려해서는 안 되기 때문이다.[142]

이렇게 해서 우리는 상당성이 위법성 또는 '주의를 기울이지 않음'의 구성부분이라는 사고가 결과, 기초 및 기준의 규정을 위해 어떠한 실마리를 제공하는지를 살펴보았다. 이제 우리의 근본적인 고찰로 되돌아가기로 하자. 앞에서 이미 강조했듯이 상당인과관계라는 문제가 지금까지의 결론을 통해 해결되는 것은 아니기 때문이다.

먼저 상당성을 위법성의 요소에 포함시키는 것이 커다란 가치를 갖고 있긴 하지만, 상당성의 체계적 지위는 여전히 완벽하게 성찰되지 않고 있다.[143] 즉 (앞에서 전개한 의미에서) 위법성의 구성부분

---

141 이에 반해 제국법원 판결집 제64권, 263면 이하(269면 이하)에서는 지나치게 행위자의 개인적 확신에 초점을 맞추고 있다. 이에 관해서는 Elster, Juristische Wochenschrift, 1931, 1483면 이하(판례평석) 참고.

142 그렇지만 행위 이후에 획득된 인식은 얼마든지 다른 방향에서 고려할 수 있다. 이에 관해서는 뒤의 서술을 참고.

으로서의 상당성이 우리가 앞에서 가벌적 행위의 객관적 요소이고, 인과성이라는 요소 역시 여기에 속한다고 말했던 형법구성요건의 요소와 어떠한 관계에 있는가라는 물음을 제기하게 된다. 각각의 법률구성요건에 결부시킨 형벌위협(비난을 뜻하는 해악의 위협)은 구성요건에 지칭되어 있는 행태가 법질서의 의지에 모순된다는 점을 명확하게 인식하게 해 준다는 사실을 감안하면 구성요건요소('살해' 등)가 특수한 위법성을 유형화하고 있고, 구성요건요소는 특수한 불법의 요소라는 결론이 자연스럽게 도출된다. 이 결론과는 거꾸로 — 우리가 구성요건을 법률에 명시되어 있는 구성요건을 넘어 법률에 '묵시적으로 포함되어 있는', 가벌성의 객관적 전제조건에까지 확장한다면 — **모든 위법성**요소는 **구성요건**요소로도 구성할 수 있다. 즉 위법성요소를 때로는 특수한 구성요건요소나 일반적 구성요건요소로, 때로는 적극적 구성요건요소나 '소극적' 구성요건요소('정당화사유')로 구성할 수 있다. 이렇게 되면 상당성은 묵시적으로 전제되어 있는 일반적인 적극적 구성요건요소가 된다.[144] 우리가 지금까지 조건관계라는 의미로 해석했던 인과성도

---

143 상당성 개념의 체계적 지위를 상세히 다루고 있는 문헌으로는 Tarnowski, 앞의 책(각주 12) 참고. 타르노브스키의 결론은 상당성이 인과관계의 요소라는 것이고, 그는 "상당성이 규범적 고찰의 구성부분이 아니라, 전제조건이다(339면)"라는 문장을 통해 상당성을 위법성의 요소로 파악하는 우리의 결론과는 확연히 다른 결론에 도달한다. 그러나 내 생각으로는 '구성부분'과 '전제조건' 사이의 차이를 잘못된 위치에 투입하고 있다고 보인다. 물론 양자의 차이에 대해 여기서 자세히 논의할 수는 없다. 단지 우리가 다른 견해를 갖고 있다는 점을 강조하면서 기본적인 저작을 지적하는 데 그치기로 한다.

144 이런 의미에서 Mezger, Der Gerichtssaal 95(1927), 330면 이하 [Tarnowski(각주 12)에 대한 서평]; ders., 앞의 책(각주 21), 1931, 122면 이하; Honig, 앞의 논문(각주 103), 174면 이하, 특히 194면 이하도 같은

구성요건요소이기 때문에 상당성과 인과성은 같은 계열에 속한다. 그렇다면 상당성을 인과성과 함께 상당한 인과성이라는 **하나의** 구성요건요소로 결합해야 하는 것이 아닐까? 실제로 체계를 이와 같이 구성할 가능성을 완전히 부정할 수는 없다. 하지만 상당성과 구성요건요소로서의 인과성을 분리해서 별개로 다룰 가능성 또한 부정할 수 없다. 이 두 가지 대안 가운에 어느 것을 선택할지는 어떠한 형법체계를 지지하는지에 달려 있다. 나는 개인적으로 다음과 같은 두 가지 이유 때문에 상당성을 인과성과는 **별개의** 특수한 구성요건요소로 파악하는 것을 선호한다. 첫째, 상당성은 '필요한 주의를 기울이지 않음'에 결부된 구성부분으로서 허용된 위험이나 주의의무에 해당하는 유사한 요소들과 같이 인과성으로부터 벗어나 있는 요소들과 밀접한 관련이 있기 때문이다. 둘째, ― 특히 이 두 번째 이유가 중요하다 ― 상당성(여기서 상당성은 우리가 앞에서 해석한 의미의 상당성이다)은 ― 내 생각으로는 ― 원칙적으로 타당한 객관적 미수이론의 관점에서 볼 때 기수행위의 요소일 뿐만 아니라, 미수행위의 구성요소이기도 하고,[145] 미수와 기수 사이의 차이점은 바로 기수행위는 기수 구성요건에 언급되어 있는 결과에 대해 **반드시** 인과적이어야 하는 반면, 미수는 그렇지 않다는 사실이

의미로 설명하고 있다. 물론 호니히는 다른 길을 거쳐 동일한 결론에 도달한다. 그는 상당성이 (라렌츠 Karl Larenz의 이론을 끌어들여) '객관적 귀속가능성'의 본질적 요소라는 관점을 전개한다. 하지만 나는 이 객관적 귀속가능성이라는 개념을 끌어들이더라도 아무런 소득이 없다고 생각한다. 왜냐하면 인과관계, 구성요건해당성, 위법성은 모두 객관적 귀속에 해당하고, 정작 중요한 것은 이러한 요소들이 서로 어떠한 관계를 맺고 있고, 특히 상당성이 이들 가운데 어디에 속하는지가 중요한 물음이기 때문이다.

145 이에 관해서는 v. Hippel, 앞의 책(각주 46), 146면 이하, 430면 참고.

기 때문이다.[146] 하지만 상당성이 기수와 미수에 공통되고, 인과성이 양자를 구별하는 상징이라면, 상당성과 인과성은 엄격히 구별해야 마땅하다.

이러한 고찰을 통해 우리가 종착점에 도달한 것은 아니다. 이미 앞에서(83면) 위법성요소로서의 상당성은 결과적 가중범에서는 일단 도움이 되지 않는다는 점을 지적했다. 왜냐하면 결과적 가중범의 경우에는 행위자가 **처음의** 구성요건적 결과(상해, 방화 등)를 상당하게 야기함으로써 위법하게 행위했고, 따라서 이 첫 번째 결과와 가중된 두 번째 결과(사망 등) 사이의 연관성과 관련해 위법성을 묻는 것은 아무런 의미가 없다고 보이기 때문이다. 그러나 바로 이 두 번째 연관성이 문제가 된다. 왜냐하면 행위자의 책임과 관련해서는 이 연관성이 필요하지 않기 때문이다. 더 나아가 우리가 앞에서 위법성요소로서의 상당성을 도입함으로써 난관을 해결하고자 시도했던 2와 3에 속하는 사례들 가운데 ― 올바르게 성찰해 보면 ― 단지 2에 속하는 사례들만이 만족스럽게 해결되었을 뿐이다. 즉 앞에서 살펴본 것처럼 행위자가 **구성요건적** 결과에 이르는 방향으로 상당하게 행위했을 때에만 위법하게 행위한 것이 된다. 그렇기 때문에 행태가 이러한 결과가 발생할 위험을 매우 낮은 정도로 유발했을 때

---

146 이로써 우리는 형법에서 인과성이 갖는 의미에 대한 서두의 원칙적인 문제제기로 되돌아가게 된다. 물론 '이익위태화'로서의 미수는 인과적 작용으로 파악할 수도 있다(앞의 11면 이하 참고). 하지만 이러한 작용 자체는 그 직접성으로 인해 법적으로 아무런 문제가 없다는 사실을 제외하면 미수에서는 기수에서와는 달리 **기본**구성요건에 언급된 결과에 대한 인과적 작용(즉 기본구성요건 자체가 위험범이 아니라는 전제하에 이익을 **침해**하는 작용)이라는 요건이 존재하지 않는다. 이러한 결과에 대한 인과적 작용이 경우에 따라서는 미수에도 **부합**할 수 있다는 점에 관해서는 뒤의 104면 이하 참고.

에는 설령 행위자가 결과의 야기를 추구했을지라도(이는 2의 경우에 속하는 사례에 해당한다) 행위자는 위법하게 행위한 것이 아니다. 그러나 행위자가 (유책하게) 구성요건의 결과가 발생하는 방향으로 상당한 원인을 정립했지만, 이 원인이 전형적인 과정이 아니라, 극히 특별한 과정을 거쳐 이러한 결과에 이르렀다면 어떻게 되는 것일까? 바로 이와 같은 경우가 3에 속하는 사례들(예컨대 마취제 부작용으로 인한 사망)이다. 우리는 위법성요소로서의 상당성과 관련해 어떻게 결과를 일반화해야 하는가에 대한 물음을 논의하면서 인과과정이 극히 이례적임에도 불구하고 '주의를 기울이지 않았다'라는 의미에서 상당성을 전제할 수 있다는 점을 이미 살펴보았다(앞의 86면).

반드시 특별취급을 필요로 하는 결과적 가중범을 또다시 제외한다는 전제하에 3의 경우에 속하는 사례에서는 **우리가 구성요건적 결과와 관련된 상당성(넓은 의미의 상당성) 이외에도 특수한 형태의 인과과정과 관련된 상당성까지 형사책임의 전제조건으로 도입**할 때에만 문제를 해결할 수 있다고 말할 수 있다. 하지만 후자의 좁은 의미의 상당성을 인과성 요소로 규정하지 않고서도 이러한 문제해결을 정당화할 수 있을까?

이 물음에 대한 올바른 대답을 찾기 위해서는 인과성 이론에 커다란 기여를 한 뮐러가 펼친 사고를 또다시 이용할 수 있다. 즉 A가 B의 생명에 위험이 되는 유책한 행위를 통해 중대한 화상을 입혔지만, B가 직접 화상으로 인해 사망한 것이 아니라, 화상으로부터 어느 정도 회복한 이후에 피부이식을 받기 위해 수술을 받는 도중에 B가 마취제에 부작용 반응을 보이는 극소수의 사람에 속한 탓에 사망했다면, A가 원래는 유책하고 위법하게 행동했고, 또한 이를 통해 B의 사망의 조건이 되긴 했지만, 이 유책하고 위법한 행태와 이 원인이 되는 행태를 통해 나타난 특수한 형태의 구성요건적 결과(마취제로 인한 사망) 사이에는 **위법성 관계**가 존재하지 않는다. 왜냐하면 생명에 위험을 불러일으키는 A의 행위를 금지된 것으로 볼 수 있게 하는 특수한 위험이 '실현'되지는 않았기 때문이다. "물론 A의 행태는 살인이라는 결과가 발생할 위험 때문에 금지되어 있었고, 당연히 객관적 및 주관적으로 위법한 행태와의 인과적 연관성을 통해 살인이라는 결과가 발생했다. 그럼에도 불구하고 발생한 결과는 위법성의 관점에서 A의 행태와 **관련**시킬 수 있는 결과가 아니다. 왜냐하면 발생한 결과가 살인이라는 결과발생의 가능성 때문에 금지된 행태에 따른 결과가 아니고, 또한 A의 행태가 살인의 위험으로 인해 위법한 것은 아니었으며, 실제로 이러한 위험의 **실현**을 통해 결과가 발생한 것도 아니었기 때문이다."[147]

단지 위법성과 결과 사이의 **연관성**만을 수립하는 이 위험의 실현이라는 요소는 우리가 특수한 형태의 결과, 즉 개별사례에서 등장하는 특수한 중간원인의 매개를 통해 성립하는 구성요건적 결과와 관련해 필수불가결하다고 보았던, 바로 상당성이라는 요소이다.[148] 이 점은 다음과 같은 사고를 통해 드러난다. 즉 하나의 행태 및 예측과 관련해 중요한 여타의 사정들로 인해 특정한 형태의 인과과정, 다시 말해 법칙적으로 연결된 일련의 특정한 형태의 변화를 기대할 수 있고, 이 변화가 구성요건적 결과에 이르게 되었다면 — 예컨대 피해자가 자상(刺傷)을 입었을 때, 출혈로부터 일련의 변

---

147 M. L. Müller, 앞의 책(각주 31), 57면(강조표시는 지은이). B가 마취제가 아니라, 입원한 병원의 화재로 인해 사망한 경우를 생각해 보면 위 본문의 서술을 더 분명하게 이해할 수 있다. 내가 마취제 사례를 선택한 이유는 제국법원이 결정을 내린 사례였기 때문이다(판결집, 제29권, 218면 이하).
148 이에 관해서는 M. L. Müller, 앞의 책(각주 31), 57면 이하 참고.

화를 거쳐 사망에 이른 경우, 패혈증으로부터 일련의 변화를 거쳐 사망에 이른 경우, 파상풍으로 일련의 변화를 거쳐 사망에 이른 경우, (어두운 밤에 누군가가 심한 부상을 입고 차가 많이 다니는 도로에 방치되어) 자동차에 치여 일련의 변화를 거쳐 사망에 이른 경우 등 — 이 행태는 **구성요건적** 결과에 상당한 원인이 된다. 그리하여 이와 같은 형태로 기대할 수 있는 개개의 인과과정 자체가 실현될 개연성은 매우 낮긴 하지만, 개연성이 낮은 이 수많은 인과과정들 가운데 어느 하나가 실현되거나 다수의 인과과정이 함께 실현될 수도 있다고 우려할 수 있어서, **그 때문에** 구성요건적 결과에 대한 상당성이 존재한다고 보게 된다. 또는 이와 같은 형태의 인과과정들 가운데 단지 몇몇 인과과정만을 예견할 수 있긴 하지만, 이 소수의 인과과정들이 실현될 개연성이 높아서, **그 때문에** 구성요건적 결과에 대한 상당성이 존재한다(독살의 경우를 생각해 보라)고 보게 된다. 어쨌든 이와 같은 사례에서는 전혀 개연성이 없다고 볼 수 없는 인과과정들(예컨대 '부상 … 병원의 화재 … 사망'이라는 일련의 과정)을 고려하게 되고, 이러한 인과과정들만이 사실상의 결과에 비추어 이루어지는 상당성판단의 토대가 된다. 이 점에서 구성요건결과와 관련된 상당성판단은 특수한 형태의 인과과정들과 관련된(이에 반해 가능하긴 하지만, 가능성과 거리가 먼 우연적인 전개는 고려에서 배제된다) 일련의 상당성판단(물론 모두 동일한 원칙에 따라 이루어지는 판단이다)[149]에 기초한다. 하지만 만일 그 자체 위험한 행태가 구성요건결

---

149 부작위와 관련해서는 특히 앞의 90면 이하 각주 140 참고. 그곳에서 설명했던 내용으로부터 부작위와 관련해 상당성판단을 내리는 일은 두 가지 단계로 이루어진다는 결론이 도출된다. 먼저 부작위 자체와는 관계없이 구성요건적 결과의 측면에서 상황의 위험성을 심사하고, 그 다음에 어떠한 적극적 행위가 발생할 위험이 있는 결과를 저지하기에 적합한지를 규

과에 비추어 상당성판단을 내릴 때 — 전혀 개연성이 없는 전개과
정이어서 — 고려하지 않았던 인과연쇄 쪽으로 흘러간다면, 이 특
수한 인과과정의 측면에서는 존재하지 않는, 행태의 상당성은 곧
이 특수한 인과과정이 구성요건결과에 비추어 내려진 상당성판단
에 포함되지 않고, 이 점에서 후자의 상당성판단은 판단에서 전제
했던 위험이 '실현'되지 않았다는 것을 제대로 파악하지 못했다는
뜻이다. 구성요건결과에 비추어 내려진 상당성판단은 특수한 형태
의 인과과정에 비추어 내려진 상당성판단에 기초하기 때문에 존재
할지도 모른다고 가정했던 위험은 오로지 특수한 상당한 인과과정
에서만 실현될 수 있다.

  그러나 이와 같은 형태로 정당화되는, 위험의 '실현'이라는 구성
요소는 우리가 이 요소를 체계적으로 완벽하게 처리하기 전에 다
시 다른 방향으로 추적해 볼 수 있다. 우리는 앞에서 상당성의 존
재와 '필요한 주의를 기울이지 않음' 및 위법성의 존재와 관련해서
는 '사후적인 객관적 예측'이 결정적이라는 점을 살펴보았다. 이는
곧 판단의 기초를 규정할 때에는 행위의 시점과 장소에서 인식하
거나 인식할 수 있었던 사실상으로 주어진 사정이 척도가 되고, 판
단의 기준을 규정할 때에는 이 규정이 이루어지는 시점에서 존재

정하게 된다. 따라서 부작위에 잠재된 위험이 실현되었는지를 묻게 된다
면, 이 물음은 일단 부작위 자체와는 관계없이 존재하는 위험상황의 실현
을 대상으로 삼게 된다. v. Hippel, 앞의 책(각주 46), 160면, 각주 5에 예
로 제시된 사례도 이러한 물음과 관련이 있다. "계단에 불을 밝히지 않은
부작위로 인한 상해 — 병원으로 이송 중 교통사고 또는 마취제 부작용으
로 인한 심장마비로 사망." 이 사례에서 계단이 어두운 탓으로 인해 치명
적인 사고의 위험이 '실현'되지는 않았다. 물론 행해지지 않는 명령된 행
위가 처음부터(ex ante) 특수한 방식의 결과발생을 저지하기에 적합한 것
이었어야 한다.

하는 인식이 척도가 된다는 것을 뜻한다. 사전에(ex ante) 위험한 것(부작위와 관련해서는, 예상되는 구성요건결과를 저지할 개연성이 있었는데도 부당하게 이를 사전에 행하지 않은 것이라고 말해야 정확하다)이 사후에(ex post) 무해한 것으로 밝혀질 수 있다. 즉 사후에 밝혀진 과거의 사정이나 지금 등장하는 사정을 통해 무해하다고 판명될 수도 있고, 최근의 이론적 인식을 통해 무해하다고 판명될 수도 있다. 이와 같은 무해성은 일반적으로 구성요건적 결과 자체가 존재하지 않는다는 결론을 낳는다. 이 경우에도 가벌적 행위(즉 가벌적 미수)가 성립하는지에 대해서는 여기서 검토해야 할 필요가 없다. 이 밖에도 처음에는 위험했지만 나중에 무해하다고 판명된 행태에 대해 무해성에도 불구하고 구성요건에 해당하는 효과가 뒤따르는 경우도 있다. 물론 이러한 후속 효과가 **단순히 시간적으로** 뒤따르는 현상, 즉 (합)법칙성이 없는 현상인 때에는 인과적 관련성이 없기 때문에 문제가 없는 사안이다. 예를 들어 A와 B가 각자 별개로 C에게 총을 쐈지만, B만 C를 맞추었다면, A의 위험하고 또한 위법한 행위는 사후적으로 무해한 것으로 밝혀지고, A의 행위의 무해성이 밝혀졌음에도 불구하고 발생한 구성요건결과(C의 상해 또는 사망)의 조건은 A의 행태가 아니다.[150] 더 나아가 처음에는 위험했지

---

150 이와 관련된 다른 예들은 Exner, 앞의 논문(각주 36), 585면 이하와 나의 책(각주 111), 315면 이하 참고. **부작위**의 경우, 처음에는 발생할 위험이 있는 결과의 저지를 위해 적합하다고 여겨졌던 작위가 사후적으로 고찰해 보니 결과를 저지하지 못했을 것이 **"확실하거나 또는 못했을 개연성이 극도로 높았다"**고 밝혀졌다면, 이 점만으로도 이미 부작위가 무해한 것으로 전제해야 하고, 따라서 (부작위와 결과 사이의 법칙적 관계는 행하지 않은 행위가 명백히 결과를 저지하기에 적합했을 때에만 존재하기 때문에) 원인관계(조건관계)를 부정해야 한다는 사실에 주의해야 한다. 이에 관해서는 제국법원 판결집 제51권, 127면, 제58권 131면 및 앞의 49면

만, 단지 사후적으로 무해하다고 판명된 행태가 시간적으로 뒤따른 구성요건결과의 조건이 되는 사례도 얼마든지 생각해 볼 수 있다. 이와 같은 사례에서는 **위험의 실현**이라는 구성요소가 중요한 의미를 갖는다. 최근에 엑스너(Franz Exner)[151]가 제국법원 판례에서 찾아낸 사례를 이와 관련된 예로 삼을 수 있을 것 같다. 불꽃놀

이하 참고. 어떤 의미에서는 판결집 제51권 127면 이하에 등장하는 흥미로운 사건도 여기에 해당한다. 즉 어느 공장주가 중국에서 수입한 양털을 사전에 소독처리를 하지 않은 채 노동자들로 하여금 붓을 만드는 소재로 사용하게 했다. 이로 인해 다수의 노동자들이 양털에 붙어 있던 탄저병 박테리아에 감염되어 사망했다. 이 사례에서 **소독을 하지 않은 부작위**를 가벌적 행태로 파악하면, 제국법원의 판례와 동일하게 소독을 했다면 구성요건결과를 저지했을 것이 확실하거나 개연성이 극도로 높았다(물론 이때 소독이 구체적 형태의 결과를 저지하기에 적합한 것이었는지를 고려해야 한다)는 사실을 요구한 전심의 판단이 부당하다고 볼 수 없다. 하지만 실제로는 소독을 하지 않은 **부작위**를 가벌적 행태로 파악한 것이 아니라, 적극적 행위, 즉 소독하지 않는 양털을 노동자에게 인도한 행위를 가벌적 행태로 파악했다. 이러한 전제하에서 '유해성'과 인과관계가 존재했다. 유감스럽게도 제국법원은 판결집 213-214면에서 커다란 혼란을 불러일으키고 있다. 부작위의 경우에 상당성(부작위에서는 명령된 행위가 결과를 저지하기에 적합하다는 것)을 전제하는 데 속하는 개연성 정도와 (제국법원에 따라) 조건관계를 전제하는 데 속하는 개연성 정도가 다르다는 점은 흥미로운 측면이고 우리의 사례에서도 밝힐 수 있다. 즉 상당성과 관련해서는 조건관계보다 훨씬 더 낮은 정도의 개연성이 필요하다. 예로 든 사례에서 소독을 하지 않은 부작위는 어쨌든 구성요건결과(살인)에 상당한 행태이고, 따라서 필요한 주의를 기울이지 않은 것이다. 이 점에서 소독이 진지하게 염려해야 할 결과를 저지할 수 있을 어느 정도의 개연성을 갖고 있었다는 것만으로 충분하다. 이에 반해 부작위의 **인과성**이라는 물음과 관련해서는 행하지 않은 행위가 진정으로 결과를 저지했을 것인지가 중요하다. 이러한 인과성은 (제국법원이 판단한 것과 같이) 소독을 했다면 결과가 발생하지 않는 것이 확실했거나 개연성이 극도로 높았을 때에만 주장할 수 있다. 그렇기 때문에 나의 책(각주 111) 281면과 303면에서 판결집 제51권, 117면을 원용한 것은 정확하지 않았다.

151 Exner, 앞의 논문(각주 36), 584면.

이를 하다가 폭죽을 잘못 사용해서 큰 사고가 발생했다. 과실치상으로 기소된 폭죽 판매자는 자신이 가게에 없는 동안 아들에게 판매를 맡겼고, 구매자들에게 폭죽의 올바른 사용법을 설명해야 한다고 아들에게 지시하지 않았다. 하지만 실제로는 피고인의 아들이 폭죽을 구매한 사람에게 올바른 사용법을 알려 주었고, 구매자가 이 사용법을 따르지 않았을 따름이다. 이 사례와 관련해서는 일단 위험한 **작위**, 즉 사용법을 알려 주어야 한다고 지시하지 않은 채 폭죽 판매를 아들에게 맡겼다는 사정을 가벌적 행태로 파악해야 한다는 사실을 강조해야 한다.[152] 이 행위가 상해라는 구성요건결과와 관련해 상당성을 갖는다는 점은 의문이 있을 수 없다. 이에 반해 위험한 행위가 구체적으로 진정 '유해'한 것으로 밝혀졌다고 말할 수는 없다. 왜냐하면 위험은 아들이 사용법을 알려 주지 않은 채 폭죽을 판매하리라는 우려에 근거했기 때문이다. 하지만 아들이 자발적으로 사용법을 알려 주었기 때문에 폭죽 판매를 아들에게 맡긴 것은 무해한 것으로 밝혀진다. 그럼에도 불구하고 이와 같은 형태의 무해한 (아버지의) 행태는 구성요건적 결과의 조건이 된다. 왜냐하면 아버지가 폭죽 판매를 아들에게 맡긴 것, 아들이 폭죽을 판매한 것, 이 폭죽을 구매자가 사용한 것 그리고 사고라는 서로 이어지는 사건들이 하나의 법칙적 연관성을 통해 결합되기 때문이다. 따라서 아버지를 무죄로 석방해야 한다는 결론은 오로지 이러한 인과과정에서 구매자에게 사용법을 알려 주라는 지시가 없이 아들에게 판매를 맡김으로써 아버지가 불법적으로 불러일으켰던 위험이 '실현'되지 않았다는 사정만을 근거로 삼을 수 있다.

---

152 이에 관해서는 Exner, 앞의 논문(각주 36), 586면 이하의 탁월한 서술을 참고. 이 밖에도 Engisch, 앞의 책(각주 111), 293면 이하도 참고.

아들이 구매자에게 사용법을 알려 줄지라도 구매자가 폭죽으로 사고를 낼 것이라는, 상당히 멀고 법적으로 고려할 필요가 없는 가능성은 구성요건결과에 비추어 내려지는 상당성판단에서는 어떠한 의미도 가질 수 없다. 따라서 이와 같은 특수한 인과과정에 대한 상당성과 관련해 '위험의 실현'이라는 요건이 충족되지 않게 된다.[153]

그러나 그 자체로는 위험한 작위가 허용되어 있거나 그 자체로는 위험한 부작위가 위법하지 않은 경우에는 상황이 조금은 복잡해진다. 나는 여기서 이러한 경우에 대해 구체적으로 다루지는 않을 것이고, 다만 한 가지 예를 통해 이 경우가 안고 있는 난점을 분명하게 보여 주고자 한다. 우리가 앞에서(25면 이하 각주 36) 제시했던 코카인 사례를 다시 예로 들어 보자. 이 사례에서 코카인은 처음부터 노보카인보다 더 위험한 것이었지만, 노보카인도 사정에 따라서는 사망이라는 결과에 대한 상당성이 존재할 정도로 위험한 것이었으며, 노보카인의 사용은 수술목적을 감안해 **허용**되었을 뿐이다. 그렇다면 코카인의 사용은 허용되지 않은 위험한 행위이고, 이 행위가 환자의 사망을 야기함으로써 코카인의 유해성에 대한 증거도 제시한 것이기에 구성요건결과와 법칙적 연관성을 맺고 있었다는 것을 부정할 수 없으며, 위법하게 설정된 위험의 실현을 뜻했다. 그렇지만 만일 전문가들이 사후에 확인한 사정들에 비추어 볼 때 노보카인은 부수현상들이 본질적으로 변화하지 않은 상태에서 본질적으로 다르지 않은 시점에 사망을 불러일으켰을 것이다(이는 단지 가상적 의미만을 갖는 전제이다)는 입장을 피력한다면 어떻

---

153 이에 관해서는 이 사례를 다루고 있는 Engisch, 앞의 책(각주 111), 362면 참고.

게 되는가? 전문가들의 이러한 확인은 곧 사후적으로 코카인이 노보카인보다 **더 유해하지 않다**는 것을 뜻한다.[154] 그렇다면 코카인에 잠재해 있는 위험의 실현 역시 노보카인에 내재하는 (허용된) 위험의 실현보다 더 높은 정도로 의사의 책임으로 부담시켜서는 안 되고, 노보카인의 사용은 '허용된 위험'이기 때문에 코카인을 사용했다는 이유로 유죄를 선고해서도 안 된다.

이에 따라 위험의 실현이라는 요소 또는 특별한 형태의 인과과정에 대한 행태의 상당성이라는 요소가 오로지 이 요소를 통해서만 '위법성 관련성'이 수립될 수 있기 때문에 구성요건결과 자체에 대한 상당성이라는 요소와는 별개로 반드시 필요한 요소라고 보는 것이 정당하다면,[155] 이제는 이 위험 실현이라는 요소가 구성요건

---

154 이에 반해 이러한 확인은 조건관계의 확인을 위해 조건공식을 사용하는 것 — 이는 앞에서 명시적으로 거부했고 여전히 거부해야 한다 — 과는 아무런 관계가 없다. 다시 말해 우리가 '유해성'이라는 요소를 통한 우회로를 거쳐 조건공식의 토대가 되는 관계를 행위판단의 요소로 도입하려는 것이 결코 아니다. 우리가 앞에서(29면) 설명한 사례에서 피해자의 아버지가 사형집행인 대신 범죄자의 목을 잘랐다면, 아버지가 단두대의 단추를 누르지 않았더라도 집행관이 같은 방식으로 행동했을 것이라는 사정이 아버지를 형사책임으로부터 벗어나게 만드는 것은 아니다. 이 경우 조건관계, 상당성. 유해성, 위험의 실현이 모두 존재했기 때문이다.

155 물론 우리는 위험의 실현이라는 요소가 갖는 의미를 완전히 밝히지는 않았고, 단지 구성요건결과에 이르는 특수한 인과과정이라는 측면에서만 살펴보았을 따름이다. 이하의 논의에서도 이 특수한 의미만이 고려의 대상이 될 것이다. 하지만 다른 관련성 속에서도 구성요건적 결과가 발생할 위험 — 이 위험을 감안할 때 행위자의 행태는 주의를 기울이지 않은 것으로 여겨지게 된다 — 실현되어야 할 필요가 있다는 점은 지적해 두고자 한다. 다시 말해 구성요건결과가 사실상으로 발생한 객체의 측면에서 위험의 실현이 필요하다. 즉 구성요건결과가 발생할 위험은 오로지 사전에 이러한 위험에 의해 위협을 받았던 객체에서만 실현된다. 예컨대 누군가가 보험사기를 실행하기 위해 자신의 가족들만이 살고 있는 집을 비우고

요소와는 어떠한 관계에 있는가라는 물음에 대답해야 하는 문제가
남는다. 이 물음에 대해서는 여러 가지 방식으로 결정할 수 있다.
가장 단순한 방식은 인과성과는 **별개로** '위험의 실현'과 구성요건
결과에 대한 상당성을 불문의 구성요건요소로 삼는 것이다. 이렇
게 하면 구성요건결과에 대한 상당성과 특수한 인과과정에 대한
상당성 사이의 상호관계가 문제가 되겠지만, 요소를 분리한다는
의미로 해결할 수 있을 것이다.[156] 그러나 '위험의 실현'이 진정한

외부의 접근을 차단한 상태에서 불을 질렀다면, 이는 이웃집까지 화염에
싸여 자고 있는 사람들이 화상을 입거나 사망할 가능성을 우려할 수 있기
때문에 얼마든지 생명에 위험이 되는 행태(제211조 이하)를 의미한다. 하
지만 이러한 사태가 발생한 것이 아니라, 포도주를 저장한 지하실에 몰래
들어가 화재 순간에 술에 취해 바닥에 누워 있던 침입자가 화상을 입어
사망했다면, 이 경우에는 구성요건결과가 발생할 위험이 실현된 것이 아
니다. 왜냐하면 집에 아직 사람이 남아 있어서 화상을 입으리라고 처음부
터 예상할 수 없었기 때문이다. 다시 말해 이 가능성은 넓은 의미의 상당
성판단을 내리는 데 도움이 되지 않기 때문이다. 이에 관해서는 Engisch,
앞의 책(각주 111), 385면 이하, 388면 참고. 물론 그곳에서 서술한 내용
은 과실의 요소로서의 예견가능성에 관련된 것이지만, 상당성의 특성인
객관적 예견가능성에 대해서도 의미에 맞게 이용할 수 있다. 이 밖에도
특수한 형태의 구성요건실현에 해당하는 경우에도 구성요건결과가 발생
할 위험이 실현되어야 한다. 사망 그 자체는 언제나 똑같은 사망이고, 오
로지 사망이 야기되는 방식의 측면에서만 다양한 발현형태가 있을 뿐이
다. 상해도 다양한 형태로 발생할 수 있다. 그리고 예컨대 골절, 타박상,
찰과상이 우려된다는 점에서 상해의 위험이 존재한다면, 구성요건결과가
발생할 이러한 위험을 처음부터 기대할 수 없었던 이상, 신경쇼크를 통해
위험이 실현되지는 않는다. 이에 관해서는 Deutsche Juristenzeitung,
1931, 368면의 사례를 참고.

156 이때에는 구성요건결과에 대한 상당성과 특수한 형태의 결과에 대한 상
당성이 행위판단과 관련해 서로 다른 요소가 되도록 만들 수 있는 상이한
관계들을 고려하게 된다. 예컨대 책임(고의와 과실)은 구성요건결과에
작용했다는 것에만 관련될 필요가 있을 뿐, 이러한 작용의 특수한 방식에
는 관련될 필요가 없다. 이에 관해서는 Engisch, 앞의 책(각주 111), 72면

인과요소를 뜻한다고 말할 수도 있고, 인과성이라는 구성요소 때문에 기수와 미수, 이익침해와 이익위태화가 구별된다는 전제에서 출발하면 이 말은 자명한 것으로 여겨질 것이다.[157] 왜냐하면 앞에서 서술한 내용에 따르면 조건관계가 없는 경우뿐만 아니라, 결과가 비록 위험한 행태를 조건으로 삼고 있긴 하지만, '위험의 실현'을 조건으로 삼고 있지는 않은 경우에도 단순한 미수는 존재하기 때문이다. 즉 살인의 고의를 갖고 행위한 A가 B에게 총을 쐈지만 비켜 나간 경우뿐만 아니라, A가 B를 맞추긴 했지만, B는 '우연히' 병원으로 이송되는 중에 교통사고로 사망한 경우에도 A의 행위가 기수가 되는 것이 아니라, 단지 미수가 될 뿐이다. 그럼에도 불구하고 조건관계를 '위험의 실현'과 결합해 인과성의 요건으로 삼아야 할 필연성은 존재하지 않는다. 인과성은 결코 기수와 미수를 구별하는 유일한 요소일 필요가 없고, 미수와 구별되는 기수의 특성을 규정하는 요소들이 다수 존재하며, 따라서 이 요소들 가운데 **어느 하나**만이라도 존재하지 않으면 미수가 된다고 말할 수 있다. 이로써 형법상의 원인개념을 조건관계로 규정하고, '위험성' 이외에 '위험의 실현'도 인과성과는 **별도의** 특수한 구성요건요소로 파악할 가능성이 도출된다. 나로서는 이러한 가능성을 활용하는 것이 합목적적이라고 생각한다. 왜냐하면 이를 통해 형법적 원인개념과 철학적 원인개념이 일치하는 것이 보장되는데, 이는 커다란 장점이 되기 때문이다.[158]

이하, 379면 이하 참고.

[157] 이에 관해서는 앞의 92면 이하 참고.

[158] 이 점을 타당하게 지적하고 있는 Mezger, 앞의 책(각주 21), 121면 이하 참고.

그렇기 때문에 우리는 다음과 같이 종국적으로 말할 수 있을 것 같다. 즉 통상의 결과범 구성요건은 이 구성요건을 실현한 결과를 야기하는(즉 조건이 되는) 행태에 내재하는 위험이 실현됨으로써 구성요건결과가 발생한 때에만 이 결과의 야기에 대해 형법적 책임을 묻게 된다는 의미로 해석하고 보충해야 한다. 이때 이러한 행태가 적극적 작위로서 결과가 발생할 위험을 정립하는 행태일 수도 있고, 의무에 반하는 부작위로서 작위의 경우와는 다른 방식으로 정립된 위험을 제거하지 않은 행태일 수도 있다. 만일 위험의 야기 또는 위험의 실현이 존재하지 않는다면, 오로지 미수만이 문제될 수 있을 따름이다.

이제 남은 문제는 **결과적 가중범**이다.[159] 결과적 가중범은 특별하게 취급해야 한다는 점은 이미 앞에서 언급했다. 이와 관련해 법률에 명확히 규정되어 있는, 가벌적 행위의 유형은 일반적으로 어떤 행위가 (가장 좁은 의미에서) 유책하게 첫 번째 구성요건결과(상해, 방화 등)를 낳고, 이 결과가 다시 또 다른 가중된 결과(상해로 인한 피해자의 사망, 방화한 공간에 있던 사람의 사망 등) — 이 가중된 결과에 대한 책임이 존재할 필요는 없다 — 의 원인이 된 경우이다. 첫 번째 구성요건결과의 야기는 전적으로 일반적 규칙에 따라 판단하면 된다. 즉 이러한 야기가 유책하게 이루어진 것이어야 하고, 위법하기도 해야 하며, 모든 관계에서 상당하게 이루어진 것이어야 한다. 다만 우리가 첫 번째 구성요건결과와 가중된 결과 사이의 연관성을 단순히 (합)법칙적인 결합의 의미로 이해하는 것만으로 충분한

---

159 결과적 가중범에 관한 포괄적인 설명은 Radbruch, Vergleichende Dar-stellung des deutschen und ausländischen Strafrechts, Allgemeiner Teil II, 1908, 228면 참고.

지가 문제이다. 이 물음에 대해서는 "충분하지 않다!"고 대답해야 한다. 왜냐하면 합법칙적 결합만으로 충분하다면 역사적인 발전[160]을 제대로 고려하지 않는 것이 될 뿐만 아니라, 법률에 명확하게 나타나 있는 의미까지도 고려하지 않는 것이 되기 때문이다. 즉 입법자는 한편으로 해당하는 기본범죄를 행함으로써 어느 정도 발생할 개연성을 갖게 만든(제226조 상해치사죄의 경우 피해자의 사망이 발생할 개연성을 높인 것이지만, 잘못된 신호 등을 통해 항해를 위태롭게 만드는 경우 입법자가 초점을 맞추는 선박의 좌초가 발생할 개연성을 높인 것이 아니다. 물론 상해가 법칙적 연관성을 갖고 선박의 좌초에 이르는 결과를 낳는 것도 얼마든지 생각해 볼 수 있다) **결과**만을 가중된 결과로 격상시켰다. 다른 한편 입법자가 다수의 기본범죄에서 똑같이 동일한 결과를 가중된 결과로 격상시킨 경우에도 해당하는 중대한 결과에 도달할 수 있다고 생각할 수 있는 다른 범죄들과는 달리 중대한 결과를 유발할 수 있는 일반적 경향이 존재하는 **기본범죄**에 대해서만 결과야기에 따른 형벌가중을 연결시키기도 한다(이 점에 대해서는 크리스가 자주 인용되는 표현을 통해 주의를 환기시켰다). 그리하여 사망의 야기는 법률상 예컨대 상해, 독물투입, 방화 등에서는 가중사유이지만, 절도, 사기, 공갈 등에서는 가중사유가 아니다.[161] 이러한 생각들을 종합적으로 고찰해 보면, 입법자가 기본범죄가 여기에 내재하는 위험이 실현되어 가중된 결과에 도달한 사례에 대해서만 가중된 형벌위협을 규정하고자 한다는 결론이 도출된다. "피해자가 의사에게 가는 도중에 사고로 사망한 경우에는 상해 행위자에게 사망이라는 결과를 귀속시키는 반면, 절도 피해자가 검찰에 가

---

160 이에 관해서는 Frank, 앞의 책(각주 16), III, § 1 참고.
161 v. Kries, 앞의 논문(각주 26), 226면.

다가 생명을 잃은 경우에는 절도범에게 이 결과를 귀속시키지 않는 것은 실제로 이상한 부정의에 해당한다."[162] 그렇지만 입법자가 기본범죄가 여기에 내재하는 위험이 실현되어 가중된 결과에 도달한 사례에 대해서만 가중된 형벌위협을 규정하고자 한다면, 법률규정을 적용해야 하는 자에게는 구체적 사례에서 기본범죄에 해당하는 행위에 실제로 입법자가 우려하는 위험이 가중된 결과를 낳는 방향으로 연결되었는지를 확인할 과제와 이러한 위험이 실현되었는지를 확인할 과제가 제기된다. 그 때문에 우리는 너무나도 자연스럽게 넓은 의미의 상당성과 좁은 의미의 상당성을 법률에 규정된 첫 번째 결과와 두 번째 결과 사이의 연관성과 관련된 하위요소로 마주치게 된다.

물론 우리가 이러한 상당성 개념을 적용할 때 앞에서 기준이 된다고 밝힌 판단 관점들을 그대로 활용해도 되는지가 의문이다. 아마도 결과, 기초 등을 규정할 때 결과적 가중범의 특성을 고려하도록 요구해야 할 것이다. 넓은 의미의 상당성을 확인하기 위해서는 당연히 법률에 언급되어 있는 가중된 결과를 기준으로 결과를 일반화해야 한다. 그리고 판단 기초를 규정할 때에는 첫 번째 구성요건결과에 이르게 했던, 행위자의 직접적인 신체적 행태('좁은 의미'의 행태)가 아니라, 행위자의 책임에 해당하고 첫 번째 구성요건적 결과에서 **종결**되었으며 가중된 결과가 발생할 특별한 위험을 불러일으킨 행태에서 출발해야 한다는 결론이 즉각적으로 도출된다. 예컨대 A가 상해의 고의로 B에게 총을 쏘았고, 총이 스쳐가 B의 팔에 경미한 찰과상을 입혔다면, 사망의 결과(제226조)와 관련된

---

162 v. Kries, 앞의 논문(각주 26), 226면.

상당성의 문제는 이 경미한 상해를 기초로 제기되어야 하지, 고도로 생명에 위험한 A의 원래 행위(총격)를 기초로 제기되어서는 안 된다. 이 점은 첫 번째 결과와 두 번째 (가중된) 결과 사이의 연관성이 심사대상이라는 점으로부터 도출되는 결론이다. 하지만 법률이 기본범죄의 실행을 가중된 결과의 방향으로 향하는 경향을 가진 위험의 측면에서 탐색한다는 사정 때문에 혹시 상당성관계를 심사할 때는 판단 기초를 상당부분 기본범죄의 실행 자체에만 초점을 맞추어야 하는 것은 아닌가라는 물음도 제기된다. 밀러는 제226조와 관련해 — 물론 상당히 인위적이긴 하지만 — 다음과 같은 예를 든다. 즉 A가 정해진 기차시간에 맞추려고 서두르는 B의 발에 고의로 부상을 입히고, 이렇게 해서 (의식적으로 또는 인식할 수 있는 상태에서) B가 다음 기차를 이용할 수밖에 없도록 야기했는데, 폭발물이 장치되어 있던 이 기차가 폭발해 사망했다. 이 사례에서는 — 밀러의 견해에 따르면 — 형법 제211조, 제212조, 제222조를 고려한다면 B의 발에 입힌 부상은 사망이라는 결과에 대해 상당한 원인이지만, 제226조에서 의미하는 사망의 결과에 대해서는 결코 상당한 원인이 아니라고 한다. "왜냐하면 발의 부상은 상해에 해당하는 이 부상 자체에 내재했던 위험의 범위 내에서 사망의 조건이 되지는 않았기 때문이다."[163] 이에 따라 제226조의 경우에 상당성에 대한 물음을 상해 자체에 기초해 대답해야 한다고 하며, 다만 피해자의 체질과 존재하는 치료가능성도 함께 고려해야 한다고 한다. 그러나 나로서는 밀러의 견해에 동의할 수 없다.[164] 다음과 같은

---

163 M. L. Müller, 앞의 책(각주 31), 64면.
164 따라서 나는 그 자체로는 상당히 주목할 가치가 있는 내용을 담고 있는 Radbruch, 앞의 책(각주 18), 65면 이하의 서술을 거부하는 결론에 도달

사례를 생각해 보자. 북극지방이나 사막에서 연구여행을 하는 중에 한 참가자가 고의로 다른 참가자의 발에 부상을 입혔고, 피해자가 제대로 걸을 수 없기 때문에 혼자 남게 되어 사망하지 않을 수 없는 상황이었다면, 내 생각으로는 제226조를 적용해야 한다. 다시 말해 나는 뮐러가 주장하듯이 기본범죄 행위 자체에만 초점을 맞출 수는 없다고 생각하며, 따라서 기본범죄 자체의 기수로 인해 만들어진 상황 이외에도 기수 시점에 존재하는 모든 사정도 원칙적으로 상당성판단의 기초에 포함시켜야 한다고 생각한다. 물론 이러한 사정이 인식 가능해야 한다. 하지만 언제, 어디에서 누구에게 인식 가능하다는 의미일까? 역사적 발전에 따르면 결과적 가중범은 간접고의(dolus indirectus)와 포이어바흐가 말하는 확정적 고의(culpa dolo determinata)을 희석시킨 것이라는 점을 감안한다면,[165] 약간의 변용을 거치긴 하지만 우리가 앞에서 도출했던 것과 동일한 구별기준에 도달한다. 즉 기본범죄의 (유책한) 기수 시점에서 행위자가 자신의 행태가 이루어지는 그 순간 가장 좁은 의미에서(다시 말해 사정이 존재하거나 결과가 발생할 개연성이 없지 않다고) 인식 또는 기대했거나 통찰력이 가장 뛰어난 사람이 행위자를 대신해 인식하거나 기대할 수 있었을 사정이 중요하다. 따라서 이러한 사정에도 불구하고 행위자가 기본범죄의 결과를 유책하게 야기했고, 동시에 가중된 결과와 관련해 주의를 기울이지 않았다는 것이 곧 행위자의 (범죄)행위의 내용이 된다.[166] 그렇기 때문에 경향을

한다.

165 Radbruch, 앞의 책(각주 159), 230면 이하 참고.

166 따라서 앞에서(94면) 취했던 관점을 일부 수정해서 다음과 같이 말할 수도 있다. 즉 가중된 결과와 관련해 주의를 기울이지 않음으로써 행위자는 이 방향으로 **불법적으로** 행위한 것이기도 하고, 다만 이러한 위법성이 형

판단하는 기준 및 경향의 정도를 확인할 때에도 좁은 의미의 상당성을 확인하는 문제와 관련해 서술한 내용이 적용된다. 좁은 의미의 상당성은 넓은 의미의 상당성과 유사하고, 다만 특수한 방식의 결과발생으로 흐르는 경향에 대해서만 묻는다는 점에서 차이가 있을 뿐이다. 우리가 이 모든 점에도 불구하고 예컨대 형벌을 가중하는 결과와 관련된 과실을 결과적 가중범의 구성요건에 집어넣어 해석하지 않는 이유는 과실의 특성이라 할 수 있는 개별적 기준을 적용하지 않기 때문이다.

끝으로 체계와 관련해 몇 가지를 언급하고자 한다. 이상의 서술에 비추어 볼 때 우리는 결과적 가중범의 경우에는 상당성을 인과성 요소로 파악해야 하는 것일까? 이 물음에 대한 대답은 '그렇지 않다!'이어야 한다. 라드브루흐가 타당하게 지적하고 있듯이,[167] 상당성을 결과야기라는 요소(이 요소는 오로지 조건설정만을 의미한다)와는 **별개로** 불문의 구성요건요소로 파악하는 데 아무런 문제가 없다. 이 문제와 관련해서도 우리는 앞에서 설명한 근거에서 얼마든지 자유롭게 상당성의 체계적 지위를 확정할 수 있다.

이것으로 상당성이론에 대한 기본적인 논의는 마감되었다. 이 이론의 구체적인 내용[168]을 여기서 더 자세히 다룰 수는 없다. 다만 한 가지 특수한 측면은 조금은 자세히 언급할 필요가 있을 것 같다. 즉 상해를 거쳐 사망에 도달한 범죄(살인죄와 사망의 결과를 빚

벌을 가중하는 작용을 한다는 특수성이 수반된다.

167 Radbruch, 앞의 책(각주 18), 66면.

168 예컨대 제206조 또는 제307조 1호와 관련해 결투 중에 사망했거나 사망한 자가 행위 시점에 방화된 공간에 있었기 때문에 사망이 야기된 사정이 상당성 심사에 어떠한 제한을 가하는지가 이러한 구체적 내용에 해당한다. 이에 관해서는 제국법원 판결집 제64권, 143면 이하 참고.

은 상해죄)에 대해 "이와 같은 상황에서는 누구나 이 행위로 인해 사망에 이른다(aliud alii mortiferum esse solet)"라는 명제를 적용하면서, 이 관점에서 행위자에게 알려져 있지 않았고 통찰력이 가장 뛰어난 사람도 인식할 수 없었을 정도로 피해자가 특이한 속성을 갖고 있는 사례와 중간에 발생한 사건이 도저히 예상할 수 없었던 사례에서까지도 상해와 사망 사이의 상당한 연관성을 인정하려고 하는 견해가 주장되기도 한다. 제국법원도 최근에 이와 같은 의미로 다음과 같이 판시했다. "신체의 손상이 예컨대 피해자의 특수한 신체적 속성(특이한 혈액형, 비정상적으로 얇은 두개골, 약한 심장)이나 감염(패혈증, 파상풍, 피부염증)과 같이 피해자 개인 또는 그의 주변에 속하는, 특별히 불리한 방향으로 작용한 사정으로 말미암아 사망으로 귀결될 수 있다는 것은 일반적인 경험법칙에 속한다. 해당하는 구체적 사례에서 사망이 피고인에 의해 야기되었고 예견이 가능했던 상해 및 이와 같은 일반적 경험법칙의 범위 내에 있는 사정을 통해 발생했다는 것이 입증되었다면, 구체적 사례에서 작용한 사정이 매우 드물게만 발생하는지 여부 그리고 행위자가 이러한 사정을 감안해야 했는지 여부는 중요하지 않다."[169] 제국법원이 과실범론에 관해 제기하고 있는 이 경험법칙을 과실범에서 또는 상당성개념을 적용하면서 일반적으로 사용하고자 한다면, 이 개념의 의미를 파괴하고 말 것이다. 모든 것은 존재하거나 **발생할 수 있다**는 내용의 일반적 경험법칙은 수없이 많고(예컨대 악천후 상황에서는 숲에서 번개에 맞을 수 있다는 경험법칙), **모든 것**은 이러한 경험법칙의 내용에 따라 존재할 수 있거나 발생할 수 있는 것이 어느 정도의

---

169 Höchstrichterliche Rechtsprechung III, 348면 이하.

개연성을 갖고 존재했거나 발생했는지 여부에 달려 있다. 물론 약한 심장, 패혈증, 파상풍은 통찰력을 가진 사람에게는 아주 가볍게 상처가 난 경우에도 현재 또는 장래의 가능성으로 주목할 가치가 있다고 여겨지는 요인에 해당한다.[170] 하지만 특이한 혈액형과 비정상적으로 얇은 두개골은 앞에서 여러 번 언급했던, 마취제 부작용으로 인한 사망과 마찬가지로 통찰력이 가장 뛰어난 사람일지라도 일반적으로 예상하지 않는 사정이다. 즉 신중한 사람이라 할지라도 그에게 개연성이 전혀 없다고 할 수 없는 사정의 존재 또는 발생이 개인적으로 알려져 있거나 (인식능력이 도저히 접근할 수 없는 사정은 배제한 상태에서) 인식할 수 있었던 때에만 특이한 혈액형 등과 같은 것을 감안할 수 있을 뿐이다. 만일 그렇지 않다면 사소한 상해(바늘로 찔러 난 상처, 찰과상 등)마저도 모두 '생명을 위태롭게 하는 취급'으로 판단하게 될 것이며, 그 때문에 형법 제223조 및 제223조a를 거의 불필요한 규정으로 여기지 않을 수 없게 될 것이다.

---

170 이 점을 판단의 기초에 대한 규정과 판단의 기준에 대한 규정에 어떤 식으로 분배하게 되는지에 관해서는 여기서 자세히 설명할 필요가 없다.

V

인과관계와 공범

Ⅳ에서는 조건설과 상당성이론 사이의 논쟁을 조정하려고 시도
했다. 이제 우리는 인과관계와 공범의 관계에 해당하는 문제들을
간략하게 살펴보아야 한다. 내가 올바로 파악하고 있다면, 가벌적
행위에 여러 사람이 (동시범, 공동정범, 교사범 또는 방조범으로서) 참여
할 수 있다는, 법률이 당연히 고려하고 있는 가능성을 인과성이라
는 구성요소와 관련시킬 때에는 다음과 같은 세 가지 물음들이 제
기되는 것 같다.

1) 첫째, 범죄참여자의 행위가 해당하는 기본구성요건의 구성요건
   적 결과에 대해 원인이 되었을 때에만 형법적으로 책임을 부담해
   야 하는지 여부 및 그 의미에 대해 물음을 제기하게 된다.
2) 둘째, 개개의 참여 형태들을 인과관계의 관점에서 구별할 수 있는
   지를 묻게 된다.
3) 셋째, 어떤 조건관계들은 모든 관계에 비추어 볼 때 상당성의 요

건들에 부합할 가능성이 있긴 하지만, 귀속능력이 있는 어떤 사람이 인과연쇄에 유책하게 개입한다는 점을 감안해 형법적으로는 고려의 대상이 되지 않을 수 있는지가 문제된다.

1. 공범과 주행위의 결과에 대한 작용

흔히 누구든지 정범으로서든 공범으로서든 형사책임을 부담해야 할 사람은 주행위(Haupttat)의 구성요건결과(사망, 타인에 속하는 물건의 절취 등)에 인과적으로 영향을 미쳤어야 한다고 본다.[171] 하지만 이렇게 보면 너무 많은 것을 요구하는 것은 아닌지, 특히 방조범의 성립에 너무 많은 것을 요구하는 것은 아닌지 의문이 제기된다.[172] 이 문제가 특히 우리의 관심을 끄는데, 그 이유는 이 문제를 해결하려고 하면서 인과적 관계의 의미와 직접 관련된 한 쌍의 개념을 활용하려고 시도하기 때문이다. 즉 몇몇 의심스러운 방조범 사례에서도 **결정적** 조건뿐만 아니라, **촉진적** 조건들도 인과적이라고 보면, 주행위의 구성요건결과에 (공동으로) 작용한다는 점을

---

171 예를 들어 Birkmeyer, Vergleichende Darstellung des deutschen und ausländischen Strafrechts, Allgemeiner Teil II, 1908, 1면 이하, 12면 이하, 68면 이하 등 참고; Frank, 앞의 책(각주 16), vor §§ 47 ff.; P. Merkel, Anstiftung und Beihilfe, Festgabe für Reinhard von Frank, Band II, 1930, 155면 이하; Mezger, 앞의 책(각주 21), 410면 이하 참고.

172 이에 관해서는 Coenders, Über die objektive Natur der Beihilfe, ZStW 46(1925), 1면 이하; Kern, Die Teilnahme im Entwurf eines Allgemeinen Deutschen Strafgesetzbuches von 1925, Der Gerichtssaal 92(1926), 136면 이하 참고. 이들에 반대하는 Liszt-Schmidt, 앞의 책(각주 1), § 45 각주 5도 참고.

확인할 수 있다고 한다. 예를 들어 망을 보는 행위, 도구를 전달하는 행위, 주행위의 실행을 위해 조언을 하는 행위는 최소한 '촉진적 조건'이라는 의미에서 인과적이라는 것이다. 그래서 이러한 행위들이 개별 사례에서 주행위의 성립에 결정적인 영향을 미칠 수 없었고, 주행위자(Haupttäter)가 이 도움이 없었더라도 구성요건결과를 (다른 방식으로라도) 초래했었을 것이라는 점은 결정적인 의미를 갖지 않는다고 한다.[173] 하지만 튀렌(Johan C. W. Thyrén)의 탁월한 분석[174]이 분명하게 보여 주듯이, 결정적인 조건과 단순히 촉진적인 조건의 차이점은 오로지 조건공식을 기초로 할 때에만 그리고 오로지 **추상적으로**(즉 법률 구성요건에 따라) 규정된 결과와 관련해서만 성립할 수 있다는 것을 쉽게 확인할 수 있다. 이에 따라 결정적 조건과 촉진적 조건의 구별은 인과성 문제가 원칙적으로 어떤 행태와 **구체적**(오로지 법률 구성요건에 따라서만 **경계가 설정되는**) 결과 사이의 법칙적 결합에 해당한다는 견해를 표방하는 우리에게는 커다란 의미를 가질 수 없다. 우리가 볼 때 모든 '단순히 촉진적'인 조건들은 이들이 어떤 식으로든 구성요건결과의 구체적 형태에 영향을 미치는 이상 — 그 조건들이 촉진적이려면 구성요건결과의 구체적 형태에 영향을 미쳐야만 한다 — 그 자체 '결정적'인 조건이고, 따라서 엄격한 의미에서 인과적이다.[175] 그렇기 때문에 인과성 개념을 '촉진적 조건들'에까지 확장하는 것이 방조범의 인과적 성격에 관한 문제를 해결하는 열쇠가 된다고 볼 수 있다면, 이러한

---

173 같은 취지의 v. Hippel, 앞의 책(각주 46), 139면 이하 참고.
174 Thyrén, 앞의 책(각주 21), 79면 이하. 이에 대해서는 v. Brünneck, 앞의 책(각주 81), 18면 이하 참고.
175 같은 견해인 Mezger, 앞의 책(각주 21), 116면 참고.

확장은 우리의 견해에도 유리하게 작용한다는 사실을 알 수 있다. 하지만 방조로 볼 수 있는 모든 행위들이 주행위의 결과를 '촉진하는' 것일까? 다시 말해 주행위의 구체적인 (법률 구성요건에 따라 경계가 설정되는) 결과에 영향을 미친다고 보는 것이 정말로 타당한 것일까? 나는 그렇지 않다고 본다. 예를 들어 망보기 또는 충고가 주행위자로 하여금 범행을 기꺼이 하려는 의사, 안정감, 범죄가 성공할 것이라는 기대를 상승시키게 만들지만, 이러한 행위들이 결코 구성요건적 행위 실행의 양태와 방법 그 자체와 합법칙적 관계에 있지 않은 경우를 얼마든지 생각해 볼 수 있다. 그러나 이와 같은 경우 도움을 주는 행위는 주행위의 구성요건에 따라 경계가 설정된 구체적 결과의 바깥에 놓여 있는 사정들에만 영향을 미칠 뿐이다. 즉 이 영향은 중요하지 않은 부수적 사정들에 국한된다.[176] 물론 이와 같은 경우에 방조가 성립하지 않는다고 볼 가능성도 있다. 하지만 나는 이러한 가능성이 현실적으로 너무 문제가 많다고 생각하며, 그 때문에 방조라는 개념에 분명히 포함되어 있고, 법률에서도 요구하고 있는 작용을 주행위자가 야기한 구성요건적 결과가 미친 영향 이외의 어떤 다른 측면에서 찾고자 하는 견해에는 동의하지 않는다.[177]

---

176 내가 보기에 Mezger, 앞의 책(각주 21), 413면은 이 점을 충분히 고려하지 않는다.

177 이에 관한 문헌과 판례는 Frank, 앞의 책(각주 16), § 49; Lobe, in: Leipziger Kommentar zum RStGB, 1929, § 49 단락번호 4, 7 참고.

2. 인과적 관점에 따른 범죄참여 형태의 구별

공범이론의 중요한 문제들 가운데 하나는 현행 형법의 구별(제 47조 이하) 때문에 발생하는 물음, 즉 어떠한 관점에 따라 개개의 범죄참여 형태들을 구별해야 하는가이다.[178] 흔히 인과적 기준에 따라 경계를 설정하려고 시도했다. 이러한 시도에서는 실무상 매우 중요한 (간접정범을 포함한) 정범과 종속적 참여(교사와 방조)를 서로 구별하는 것이 최우선의 과제가 된다. 인과성의 차이를 기준으로 사용하는 이른바 '실질적 객관적' 이론들이 이러한 시도에 속한다. 이 이론들 가운데 때로는 우리가 이미 앞에서 다루었던 이론, 즉 등가설에 반대하면서 개별 조건들이 인과적으로 볼 때 등급이 서로 다르다고 주장하면서 본래의 원인과 단순한 조건의 구별을 다시 정범과 공범을 구별하기 위한 기초로 사용하는 이론도 다시 등장한다. 물론 상당성이론은 이러한 방향의 의미와는 아무런 관련이 없다. 왜냐하면 상당성은 이를 인과성의 요소로 파악하든 그렇지 않든 모든 참여 형태와 관련해 동일하게 요구되는 것이기에 참여 형태를 구별하는 데 상당성을 사용할 수는 없기 때문이다.[179] 그러나 몇몇 개별화이론들은 참여 형태를 구별할 때는 실질적 객관적 이론으로 등장한다. 이러한 관련성은 아마도 비르크마이어에서 가장 뚜렷하게 드러나는 것 같다. 그는 명시적으로 다음과 같이 설명한다. "우리의 실정법도 … 결과에 작용을 미치는 정도에 따라

---

178 이때 최소한 어떤 식으로든 범죄에 참여한 사람들이 주행위의 구성요건 결과에 대해 조건을 정립하는 것이 일반적이라는 점(앞의 1 참고)을 전제할 필요가 있다.

179 이 점을 타당하게 지적하고 있는 v. Hippel, 앞의 책(각주 46), 150면 참고. 또한 Mezger, 앞의 책(각주 21), 441면에 언급된 내용도 참고.

원인과 조건을 구별해야 한다고 본다. 즉 제국형법전 제47조 이하와 제49조는 … 중범죄의 공동정범과 중범죄의 방조범의 차이를 의지의 차이가 아니라, 중범죄 결과의 발생에 미친 효과의 차이로 파악한다."[180] 하지만 우리는 앞에서와 마찬가지로 이 문제와 관련해서도 개별화이론을 자세히 검토할 필요가 없다. 왜냐하면 이 이론은 더 이상 관심의 대상이 될 수 없기 때문이다. 이와는 달리 앞에서는 전혀 언급하지 않았던 실질적 객관적 이론, 즉 정범과 공범을 구별해야 할 특수한 필요성 때문에 등장한 이론에 대해서는 관심을 기울일 가치가 있다. 이 이론은 물리적으로 매개된 인과관계와 심리적으로 매개된 인과관계를 구별하는 프랑크(Reinhard von Frank)의 이론이다. 따라서 이에 대해서는 조금 더 자세하게 살펴볼 필요가 있다.

프랑크는 결과범과 관련해(아래의 설명은 결과범에만 해당한다) 특히 '원인'과 '단순한 조건'이라는 용어를 사용할 때에도 다음과 같은 공식을 제시한다. 즉 정범은 '물리적으로 매개된 인과관계'를 통해 범행하는 것('원인'의 설정)이고, 종속적 공범은 '심리적으로 매개된 인과관계'를 통해 범행하는 것(단순한 '조건'의 설정)이라는 특징을 지닌다.[181] 단순한 조건들(교사, 방조)은 "오로지 인간의 의지를 매개로 삼을 때에만 인과적 힘을 발휘할 수 있다. 이 의지가 이러한 힘을 전달할 수 있는지는 이 의지의 결정, 다시 말해 자연적 인과성과 극명히 대립되는 사정에 달려 있다. 예를 들어 이러한 사정은 당구 경기를 하는 사람이 당구채로 당구공을 때릴 때 등장한

---

180 Birkmeyer, 앞의 논문(각주 78), 274면 이하. 이에 대한 비판은 특히 Traeger, 앞의 책(각주 15), 88면 이하 참고.
181 Frank, 앞의 책(각주 16), vor §§ 47 ff. II.

다."[182] 이 이론의 핵심이 타당성을 갖고 있다는 점을 부정할 수는 없다. 그러나 이 이론은 단지 대강의 타당성만을 갖고 있고, ─ 프랑크 자신도 인정하듯이 ─ 모든 법적 현상들에 대해 남김없이 적용할 수는 없다는 점에서 실패한 이론이다. 이 이론은 일단 몇몇 간접정범 사례에는 들어맞지 않는다. 특히 이 이론이 의미상 오로지 '심리적 매개'를 향한 '자유롭고 의식적인 의지'만을 적절하다고 여길지라도, 몇몇 간접정범 사례는 제대로 설명할 수 없다. 예를 들어 A가 사냥 중에 자신은 사람이라는 것을 알고 있으면서도 사냥감이라고 속여 B로 하여금 목표물을 쏘도록 부추겼지만, B는 목표물이 사람일 수도 있다는 것을 의식하면서도 사람이 아닐 것이라고 기대하면서 총을 쏴서 이 사람이 사망한 경우에 A는 모살범 또는 고살범으로 처벌되어야 하지만, A는 자유롭고 의식적으로 행위하는 (심리적) 의지를 매개함으로써 범행을 실행한 것이다.[183] 더 심각한 문제점이 발생하는 경우로는 이른바 '의도 없는 고의의 도구(das absichtslose dolose Werkzeug)'와 이른바 '신분 없는 고의의 도구(das gualifikationslose dolose Werkzeug)'를 이용한 간접정범의 사례들을 들 수 있지만, 이에 관해서는 여기에서 더 자세하게 살펴보지 않겠다. 이와 같은 경우처럼 정범이 인과성의 '심리적 매개'와 합치할 수 있는 경우에는 언제나 공범의 행위가 심리적 매개를 통해 작용하는 것이 아니라, 직접 물리적으로 작용하는 것도 생각해 볼 수 있다. 예를 들어 프랑크 자신이 언급한 사례, 즉 A가 X를 다치게 했는데, B가 X에게 급하게 가려는 의사가 도착하지 못하도록 방해하는 도움을 준 경우[184]가 여기에 해당한다.

---

182 Frank, 앞의 책(각주 16), § 1 III.
183 이에 대해서는 Engisch, 앞의 책(각주 111), 256면 이하 참고.

하지만 실질적 객관적 이론을 거부하게 되면, 인과성 원칙이 아닌 다른 원칙으로 정범과 종속적 공범의 구별을 정당화해야 한다. 이 지점에서 우리는 정범과 종속적 공범의 차이가 의지의 방향에 있다고 보는, 특히 제국법원이 취하고 있는 주관적 이론과 정범은 구성요건적 '실행행위'를 행하는 자이고 교사범과 방조범은 그 밖의 다른 인과적 행위('준비행위'와 '부수적 행위')를 행하는 자라고 보는, 이른바 형식적 객관적 이론에 직면하게 된다. 그러나 이렇게 되면 인과성에 관한 고려는 단절되고,[185] 다른 형태의 문제점들이 나타나게 된다. 이러한 문제점들을 자세히 고찰하는 것은 우리가 여기서 수행할 과제가 아니다.

그렇지만 교사범과 방조범의 구별에 대해서는 몇 가지 점을 언급할 필요가 있다. 물론 이를 구별하는 것은 일반적으로 정범과 종속적 공범의 경계를 설정하는 것보다는 훨씬 덜 어렵다. 어쨌든 주행위자의 결정을 '강화'하거나 '굳히는' 것 또는 결정의 내용을 더 자세하게 규정하는 형태의 심리적 방조와 교사 사이의 경계는 불확실하다. 이 경우에도 다시 인과성 영역의 기준들을 사용해 경계를 설정하는 방법을 고려할 수 있다. 즉 결정적 조건들과 단순히 촉진적 조건들이라는 개념의 쌍을 다시 구별기준으로 사용할 수 있다. 그리하여 주행위자가 어차피 범행으로 나아갔을 것이라면, 교사가 아니라 심리적 방조가 인정되어야 하는 것이 아닐까? 그러

---

184 Frank, 앞의 책(각주 16), § 47 II. 이와는 달리 Pomp, 앞의 책(각주 17), 58면 이하에서 이른바 '물리적 방조'는 모두 심리적으로 매개된 인과관계가 아니라고 전제하는데, 이는 지나친 주장이다. 이러한 경우에 심리적 매개는 대부분 방조범이 제공한 물리적 도움을 **이용하는 것**에서 찾아볼 수 있다.

185 뒤의 131면 이하 참고.

나 어떠한 경우에 주행위가 '어차피' 범행으로 나아갔을 것인지를 묻는다면, 단순한 속성에 기초하고, 이 점에서 허용될 수 없는 추측은 모두 배제한 상태에서 주행위자가 이미 범행을 행하기로 확실히 결정했는지 여부만이 기준이 될 수 있다는 점을 알게 된다. 그렇다면 주행위자가 결정을 내리는 데 결정적인 영향을 미친다는 것과 단순히 이를 촉진한다는 것 사이의 대립에 초점을 맞추는 일은 양자 사이의 본래적 차이를 불분명하게 만들 따름이다. 여기서 본래적 차이란 아직 결정을 내리지 않은 사람에게 범행을 하도록 유발하는 자가 교사범이고, 이미 마음먹은 결정과 관련해 주행위자를 강화하는 자가 방조범이라는 사실이다.[186] 이때 심리적 방조범이 알고 있어서 강화 또는 수정하게 되는, 주행위자의 결단은 오로지 특정 구성요건의 성격을 가진 구체적인 범행을 저지르려는 결단으로만 이해될 수 있다. 누군가가 형법 각칙의 해당 구성요건에 관련된 이러한 결단을 **실행 형태**의 측면에서 내용적으로 변경했다면 — 예를 들어 A가 X를 죽이기로 결심한 B에게 X를 총으로 쏴서 죽이지 말고 독약을 먹여 죽이라고 조언해서 성공했다면 — 그는 단지 '조언'을 했을 뿐이고, 따라서 제49조에 따른 방조범이지 교사범이 아니다. 그가 내용적으로 볼 때 주행위의 구체적인 실행에 해당하는 결단을 처음으로 **유발했다고** 할지라도 다르게 평가할 이유가 없다.

---

186 Lobe, 앞의 책(각주 177), § 48 단락번호 2, § 49 단락번호 6 참고.

3. 인과관계와 제3자 또는 피해자의 유책한 행태

우리는 앞에서 등가설의 관점에서 보면 행태와 결과 사이에 그 자체로 존재하는 인과관계가 이 인과관계 내에 제3자 또는 피해자 자신의 유책한 또는 유책성과 유사한[187] 행태가 개입되어 있다는 사실에 의해 달라지지 않는다는 점을 살펴보았다.[188] 이 경우에 상당성이론의 관점에서는 어떻게 보아야 하는지는 아직까지 살펴보지 않았지만,[189] 몇 마디로 짧게 설명할 수 있고, 더욱이 상당성이라는 구성요소의 논리적 위치를 고려할 필요도 없다. 즉 조건관계 내에 다른 사람들의 유책한 행태가 개입되어 있다는 사실은 객관적으로 볼 때 해당하는 유책한 행태와 이를 매개로 삼아 구성요건결과가 발생할 수 있는 위험이 존재하고, 이러한 위험의 '실현'을 통해 이 결과가 발생한 경우에는 최초 행위자의 형사책임과 관련해 어떠한 변화도 불러일으키지 **않는다**. 이러한 의미에서 구성요건결과가 과실행위로 매개된 경우에도 상당한 조건에 의해 야기되었다고 보는 것이 일반적이다. 이 점과 관련해서는 누군가가 장전된 총을 아무렇게나 놔둔 나머지 다른 부주의한 사람의 손에 들어가게 되었고, 이 사람이 자기 자신 또는 제3자를 총으로 쏴서 다치게 한 사례를 생각해 보는 것만으로 충분하다. 그리고 인과적 진행과정에 다른 고의의 행태가 개입된 경우에도 상당성관계를 생각해 볼 수 있다. 예컨대 사냥꾼이 어느 식당에 들어간 시점에 식당에서 사람들

---

187 편의상 아래에서는 피해자의 '유책한 행태와 유책성에 유사한' 행태를 유책한 행태로 줄여서 말하겠다. 당연히 귀속능력 또는 의지능력과 통찰능력의 성숙은 언제나 전제한다.

188 앞의 59면 이하 참고.

189 앞의 78면 이하 참고.

이 싸우고 있는데도 자신의 장전된 엽총을 싸움에 가담한 누군가가 사용할 수도 있도록 아무렇게 놔둔 경우를 생각해 볼 수 있다. 더 나아가 남편이 어떤 불행한 일로 심한 우울증을 앓고 있는 부인에게 권총을 준 경우도 마찬가지이다. 당연히 앞선 행위자(엽총을 아무렇게나 놔둔 사냥꾼 또는 부인에게 권총을 건네준 남편)가 처벌되기 위해서는 언제나 다른 범죄요소들도 충족되어야 한다.[190]

이 점에서 전혀 새로울 것이 없다. 더욱이 앞에서 언급한 사례에서 볼 수 있는 특이한 형태의 인과과정을 특별히 다룰 필요도 없다. 왜냐하면 피해자 또는 제3자의 유책한 행태를 통해 언제나 또는 최소한 몇몇 사례에서는 인과관계가 '중단'된다는 과거의 사고는 더 이상 의미가 없고, 또한 이 사고 자체가 — 인과관계의 중단이라는 사고를 극복했음에도 불구하고 — 오늘날에도 여전히 상당수 학자들에게 그저 은유적 타당성만을 갖고 있을 뿐이기 때문이다.

따라서 다음과 같이 설명할 수 있다. 즉 현행법(제48조, 제49조)은 각칙의 개별 구성요건들(살인, 절도, 재물손괴 등등)과 관련해 고의 또는 과실의 **정범**뿐만 아니라, 고의의 (몇몇 견해에 따르면 과실도) 범죄에 대한 고의의 **교사** 또는 고의의 **방조**도 규율하고 있다. 이로써 현행법은 어떤 행태가 구성요건결과에 작용하기 위해서는 다른 사람의 유책한 행태와 묶여 있는 일련의 사례들을 독자적인 관점(즉 '종속적 공범'이라는 관점)에서 평가하고, 따라서 이 일련의 행태들을 범행 판단을 위한 일반적 원칙들로부터 배제한다. 그러나 이러한 현행법을 전제로 삼아 다른 유책한 행태에 의해 인과관계가 중단

---

190 앞의 사례들에 대해서는 v. Kries, 앞의 논문(각주 26), 239면 이하 각주 2; Rümelin, 앞의 논문(각주 23), 232면 이하; Wiechowski, 앞의 책(각주 90), 180면 이하 참조.

된다는, 그 자체 이미 극복된 생각으로 귀결되는 일정한 사고와 원칙들이 주장될 수 있다. 이 사고와 원칙은 대강 다음과 같은 내용을 갖는다.[191] 즉 현행법은 '주행위자'의 가벌적 행위를 유발하거나 후원하는 것을 근거로 구성요건결과에 작용하는 다른 유책한 행태와 연결되는 어떤 행위들을 교사 또는 방조로서 별도로 처벌하기 때문에 이러한 방식(즉 유발 또는 후원)으로 (제3자 또는 피해자 자신의) 다른 유책한 행태라는 우회로를 거쳐 구성요건결과에 이르는 행태를 처벌하기 위해서는 **특별한 규정들이 요구되고 요구되어야 마땅하다**는 견해에서 출발하고 있다. 그러므로 피해자 또는 제3자의 유책한 행태에 앞서 이를 유발하거나 후원하는 행태는 이 행태가 — 제47조(공동정범)가 적용되어서는 안 되는 이상 — 오로지 교사 또는 방조라는 개념에 해당할 때에만 구성요건결과에 대한 가벌적인 선행 조건으로 이해될 수 있으며, **그렇지 않은 경우에는 선행조건으로 이해될 수 없다**는 내용의 '소급금지(프랑크)'[192]를 원칙으로 설정할 수 있다. 물론 교사와 방조를 오로지 **고의의 범행**에 관련해서만 고려하는 다수의 견해는 소급금지를 피해자 또는 제3자의 유책한 **고의의 행태**[193]의 선행 조건에 국한시키면서 다음과 같은 **결론**을 제시

---

191 여기서 다양한 견해들이 품고 있는 뉘앙스까지 고려하지는 않겠다. 나는 위 본문에서 제48조와 제49조에 연결된 사고과정의 특성을 일반적으로만 규정했을 뿐이고, 그 때문에 성격규정이 불명확하지 않을 수 없다. 정확한 성격규정과 관련해서는 특히 M. E. Mayer, 앞의 책(각주 17), 153면 이하; Gerland, Reichsstrafrecht, 1922, § 33; Liszt-Schmidt, 앞의 책(각주 1), § 29 V, § 52 I ; Frank, 앞의 책(각주 16), § 1 III, 14면 이하; v. Hippel, 앞의 책(각주 46), 141면 이하를 참고하기 바란다.

192 이 개념에 반대하는 v. Hippel, 앞의 책(각주 46), 142면 각주 1 참고.

193 여타의 제한에 대해서는 Frank, 앞의 책(각주 16), § 1 III, 14면 이하; Gerland, 앞의 책(각주 191), § 33 참고.

한다. 즉 다른 유책한 고의의 행태를 유발하거나 후원하는 것은 이 행위가 — 제47조를 배제하면 — 제48조, 제49조에 해당하지 않을 때에는 가벌성이 없다고 한다. 이렇게 제한적으로 해석하는 경우에도 소급금지는 커다란 의미를 갖는다. 왜냐하면 무엇보다 소급금지로부터 고의에 의한 가벌적 행태(앞의 123면 이하에서 언급한 사례 참고)에 대한 **과실의** 교사와 **과실의** 방조는 가벌성이 없다는 결론 그리고 더 나아가 가벌성이 없는 의지적 자기침해(특히 자살)에 대한 모든 형태의 교사와 방조는 가벌성이 없다는 결론이 도출되기 때문이다.

소급금지에 관한 이 모든 이론은 그 자체 상당히 박약한 토대에 근거하고 있다. 물론 오로지 제48조, 제49조의 한계 내에서만, 다시 말해 — 다수의 견해에 따르면 — 고의의 주행위에 대한 고의의 교사 또는 방조라는 한계 내에서만 행위판단의 일반원칙들을 배제해야 하고, 이에 반해 여타의 경우에는 구성요건결과를 위법하고 유책하게 야기한 자는 그의 행태와 결과 사이에 다른 유책한 행태가 개입했을지라도 가벌적 정범으로 고려해야 한다는 견해는 언제든지 주장할 수 있다. 그렇지만 이러한 소급금지 이론에게는 — 인과관계 중단이라는 도그마가 무의식적으로 정신을 여전히 옭아맨다는 점과 오로지 다른 책임을 매개로 삼아 결과에 이르는 행태에서는 당연히 위법성(상당성)과 책임이 쉽게 의문의 대상이 된다는 점은 제쳐두더라도 — 소급금지 이론과는 완전히 다른 전제에서 출발하지만, 결과적으로 같은 결론에 도달하는 다른 이론이 소중한 동지가 되고 있다.[194] 소급금지 이론의 동지인 이 다른 이론은

---

194 이 이론은 우리가 이미 앞의 62면 이하와 121면에서 다루었던 것과 같은
    이론이다. 이 이론은 특히 벨링이 강하게 주장하고 있는 이론이다. 최근

최소한 잠재적으로나마 다음과 견해에서 출발한다. 즉 제국형법전 각칙의 구성요건에 언급된 결과에 작용을 가하는 사람은 위법성 (상당성)과 책임을 인정할 수 있는 이상, **누구나 정범**으로서 형사책임을 부담해야 하고, 오로지 실정형법 제48조, 제49조에 따라서만 이처럼 넓은 정범 개념을 (앞에서 서술한) 일정한 한계 내에서 제한해야 한다(이 경우 때로는 정범이 종속적 공범으로 변형되기도 하고, 때로는 가벌성이 없다고 보게 된다)고 한다. 이에 반해 이제부터 다루게 될 이론은 정범 개념의 범위가 처음부터 훨씬 더 좁고, 따라서 소급금지이론이 제48조, 제49조에 비추어 나중에야 비로소 배제하는 것은 모두 정범의 문제가 될 수 없다는 점을 기본적 사고로 삼는다. 그리하여 이 이론에 따르면 다음과 같이 말할 수 있다.[195] 즉 각칙의 구성요건들('살해한 자', '사망을 야기한 자', '절취한 자' 등)은 처음부터 직접적 정범('자수범')에게만 해당하고, 다만 예외적으로 일정한 한계 내에서는 **유책하지 않게 고의로** 행위한 다른 사람을 이용한 간접정범에도 해당하는 반면, 다른 유책한 행태를 유발하거나 후원하는 사람에게는 해당하지 않는다.[196] 또는 (조금은 덜 엄격하고 또한 다수의 견해가 선호하는 소급금지 이론의 표현과 비슷하게 표현하자면)[197] 다음과 같이 말할 수도 있다. 즉 각칙의 구성요건들은 오로지 직접

들어 E. Schmidt, 앞의 논문(각주 9), 118면 이하에서 이 이론을 비판하고 있지만, 내 생각으로는 비판이 일관되지 못한 것 같다(신분범과 관련된 130면 참고). 본문에서 다루는 정범개념에 대한 좁은 해석과 넓은 해석의 대립에 대해서는 Zimmerl, 앞의 논문(각주 93), 39면 이하 참고.

195 아래에서는 다시 어느 정도 도식적인 단순화가 필요하다. 따라서 정범 개념을 엄밀하게 확정하려는 시도로 이해해서는 안 된다.

196 Kern, 앞의 논문(각주 172), 139면 이하는 과도할 정도로 이 방향으로 흐르고 있다.

197 앞의 125면 이하 참고.

적 정범에만 해당하고, 다만 예외적으로 유책하지 않게 행위하는 다른 사람을 도구로 이용하는 간접적 정범에도 해당하는 반면, 다른 유책한 **고의의** 행태를 유발하거나 후원하는 사람에게는 해당하지 않는다. 이 후자의 사람에게 형사책임을 부과하기 위해서는 별도의 형사처벌규정이 필요하다. 제48조, 제49조는 바로 이러한 규정이고, 따라서 이 규정들은 '형벌확장사유'에 해당한다. 이러한 규정이 없는 이상, 가벌성이 없다. 다른 유책한 고의의 가벌적 행위에 대한 **과실의** 교사 또는 방조 및 다른 가벌성이 없는 의지적 자기침해를 유발하거나 후원하는 **모든** 형태의 행위 역시 가벌성이 없다. '구성요건의 제한적 해석'에 관한 이 이론[198]이 출발점이 다른데도 불구하고 소급금지 이론과 동일한 결론에 도달하는 이유는 어렵지 않게 알 수 있다. 즉 정범 개념을 넓게 파악한 탓에 개념의 범위가 지나치게 확장되는 것을 소급금지이론에서는 제48조와 제49조에 따라 다시 제한하는 반면, 제한적 해석 이론에서는 이러한 문제 자체가 발생하지 않는다. 또한 소급금지 이론이 정범 개념을 제한할 때 (변형된) 형사책임을 인정해야 할 부분으로 남겨 둔 것 (즉 제48조, 제49조에 따를 때 의심의 여지없이 가벌적인 행태)은 제한적 해석 이론의 관점에서는 확장된 형사책임으로 여겨진다.

이론적으로는 서로 대립되지만, 실제적으로는 내용이 일치하는 이 두 가지 이론들 가운데 어느 이론이 현행법을 기준으로 볼 때 더 타당한지는 여기서 논의하지 않겠다.[199] **두** 견해 모두를 거부하는

---

198 Zimmerl, 앞의 논문(각주 93), 39면 이하 참고.
199 1927년 형법 개정 초안과 관련해서는 제한적 구성요건 해석 이론이 우위를 점했다고 주장할 수도 있을 것이다. 이에 관해서는 제1장 총론의 제4절에 대한 입법이유 참고. 이에 따라 자살유도죄는 제248조에 별도의 가벌적 행위로 규정되어 있다.

주장도 얼마든지 펼칠 수 있고, 실제로 제국법원의 최신 판결에서는 두 견해를 거부하고 있다. 제국법원은 최소한 몇몇의 범죄(제108조 투표결과왜곡, 제222조 과실치사)와 관련해 원칙적으로 구성요건결과를 야기할 수 있는 조건을 만드는 모든 행위가 다른 범죄요소들을 충족하면 정범이라는 관점을 취한다(이 점에서 제국법원은 등가설에 기초해 소급금지 이론과 동일한 노선을 취하고 구성요건을 제한적으로 해석하는 것에는 동조하지 않는다).[200] 그러나 제국법원은 다른 한편으로는 오로지 제48조, 제49조의 좁은 한계 내에서만 정범 개념의 예외가 인정될 수 있다는 관점을 취한다(이로써 제국법원은 소급금지 이론이 이 규정들에 연결시켜 도출하는 다른 모든 결론들은 거부한다). 이와 같은 방식을 거쳐 제국법원이 도출할 수밖에 없는 다른 실제적 결과들은 다음과 같은 특징적인 사례들을 통해 분명하게 확인할 수 있다. 이 사례들과 관련해 앞에서 제시한 설명에 따르면 소급금지 이론과 제한적 해석 이론은 다른 유책한 고의의 행태에 대한 과실의 유발 또는 후원에 불과하기 때문에 가벌성을 인정하지 않는 반면, 제국법원은 과실에 의한 정범(과실치사)으로 유죄를 선고하는 결론에 도달한다. 1) 어떤 공장에서 공장장이 노동자가족을 위해 매우 화재에 취약하고 화재가 발생할 경우에 생명을 위태롭게 할 수 있는 숙소를 만들도록 했다. 이 숙소를 이용하던 가족이 화재가 발생해 사망했다. 피고인 공장장에게 유리하도록 제3자가 고의, 특히 살인의 고의로 방화를 했다고 가정한다.[201] 2) 혼외자인 갓난아이의 할머니가 출산이 끝나자마자 아이의 엄마(그의 딸)를 혼자 있도록 내버려 두었는데, 산모가 - 기대할 수 있었던 대로 - 자신의

---

200 하지만 제국법원 판결집 제64권 143면 이하도 참조.
201 판결집 제61권 318면 이하.

엄마가 없는 기회를 이용해 갓난아이를 살해했다.[202] 3) 결혼한 남자의 애인이 독약을 마련했는데, 이 남자가 — 애인이 생각하지는 못했지만, 고려했어야만 했던 대로 — 독약을 자신의 부인을 살해하는 데 사용했다.[203]

앞에서 서술한 제국법원의 견해에 담긴 심층적인 근거들[204]을 탐색하는 일은 그 자체 매우 매력적일 것이다. 이 견해는 행위판단의 일반 규칙을 다른 유책한 행태가 인과적 진행 과정에 개입한 경우에도 무제한적으로 적용하며, 그 때문에 당연히 소급금지 이론과 제한적 해석 이론의 지지자들로 하여금 격렬한 반대를 촉발할 수밖에 없었다.[205] 메츠거가 확인하고 있듯이,[206] 제국법원은 아마

---

202 판결집 제64권 316면 이하(매우 섬세하고 우아한 판결).
203 판결집 제64권 370면 이하. 또한 판결집 제58권 366면 이하와 판결집 제63권 382면 이하도 참고.
204 비교적 표면적인 근거는 아마도 인용한 판결이 대상으로 삼고 있는 제108조, 제222조 구성요건들에서 부정한 선거결과의 '초래' 그리고 사망의 '야기'라고 규정한 것이 이 구성요건들을 넓게 해석하게 만들었다는 점인 것 같다. 하지만 나는 '살인(제211조, 제212조)'과 '사망을 야기하다(제222조)'라는 개념을 서로 다르게 해석해서는 안 된다고 생각한다. 나로서는 이 경우에서든 다른 곳(제223조, 제230조, 제306조, 제309조 등)에서든 표현을 바꾸는 이유가 단지 과실 자체가 (행태를 거치면서) 구성요건 결과와 인과적 관계에 놓인다는 생각 때문일 뿐이라고 본다(즉 법률은 예컨대 제222조에서 사람을 죽인 자와 사망을 과실로 야기한 자를 염두에 두고 있다). 외부로 드러나는 행태와 결과 사이의 연관성은 이 이외의 다른 것이 될 수 없다.
205 이에 관해서는 Köhler, Juristische Wochenschirft 1927, 2804면 이하(판례 평석); Exner, 앞의 논문(각주 36), 591면 이하. 쾰러를 비판하는 Zeiler, Die "Unterbrechung" des Ursachenzusammenhangs, ZStW 49(1929), 235면 이하 참고. Mezger, 앞의 책(각주 21), 125면 이하, 415면 이하도 제국법원에 동조한다.
206 Mezger, Subjektivismus und Objektivismus in der strafgerichtlichen Rechtsprechung des Reichsgerichts, Reichsgerichtsfestgabe, Band V,

도 인과관계의 문제와 관련해 오랫동안 다듬어 온 '인지적-자연주의적' 사고방식을 일관되게 유지하고 있는 것 같다. 또한 제국법원은 아마도 강화된 사회적 책임, 즉 다른 고의의 행태도 고려해야 하고, 이때 다른 사람의 '자유로운 의지결정'은 그 사람의 일이고 "자신과는 아무런 상관이 없다"고 위안을 삼아서는 안 된다는 의무를 부과해 책임을 인정하는 경향이 있다는 것도 감지할 수 있다. 하지만 이와 같은 점들을 고려하는 것은 우리가 여기서 설정한 목표를 훨씬 벗어나는 일이다.

우리는 여기서 논의를 끝내고, ㅡ 앞에서 언급한 견해들에서 해소되지 않고 여전히 존재하는 논쟁을 (포괄적인 논의를 하지 않고서는 불가능한) 조정하려는 모든 노력들을 포기한 채 ㅡ 우리가 논의한 맥락에 국한시켜 인과성 문제에 해당되는 내용을 확인하고자 한다. 지금까지의 서술만으로도 다음과 같은 점이 충분할 정도로 분명하게 밝혀졌다. 즉 현재의 논쟁상황에 따르면 다른 유책한 행태가 인과과정에 개입한 사례들은 **아마도** 별도의 법적 평가를 필요로 할 것 같다는 점이다. 하지만 이는 ㅡ 우리가 인과관계의 중단이라는 이미 포기한 생각을 퇴조한 상태 그대로 놔두고 또한 앞에서 거부한 실질적 객관적 이론도 따르지 않는다는 전제하에 ㅡ 이러한 사례들에서 인과성 개념 자체에 해당하는 새로운 형태의 관점들이 등장하기 때문이 아니라, 단지 법률이 교사와 방조라는 개념을 특별한 '규범적 유형들'로 파악하고 있고, 이 유형들은 정범으로부터 배제되는 유형 또는 정범과는 별개의 독자적인 유형들이기 때문이다.[207] 이러한 고찰의 차원에서 인과성 개념은 조금도 변하지 않

<hr />

1929, 18면 이하.

207 이 점에서 앞에서 거부했던 E. Schmidt, 앞의 논문(각주 9), 115면 이하의

고, 제한되지도 않으며, 하위의 분류를 필요로 하지도 않는다. 즉 인과성 개념은 이 문제와 관련해서도 단순하고 명확한 의미로 유지될 수 있다. 이러한 의미에서 우리는 형법적으로 중요한 다른 모든 관계들 속에서 형법의 관심사를 조금도 손상시키지 않고서 조건설이 의미하는 인과성 개념, 즉 현상들의 합법칙적 연결이라는 공식에 따라 해석되는 인과성 개념을 얼마든지 유지할 수 있었다. 우리의 이와 같은 결론이 규범적 관점에 따라 수행되는 법학적 개념구성을 법학의 진보로 생각하는 사람들에게는 실망스러울 수도 있겠지만, 일정한 기초개념의 보편타당성을 중시하는 철학자들에게는 매우 만족스럽게 여겨질 것이다.

표현에는 어느 정도 타당한 측면이 내재해 있다. 즉 전문용어를 비유적이고 자의적으로 사용할 때에만 정범으로 고려되는 조건설정행위를 좁은 의미의 야기로 지칭하고, 교사와 방조는 '단순한' 조건설정에 불과하다고 지칭할 수 있을 것이다. 실제로는 이 모든 경우가 다양한 구성요건적 개념일 뿐이고, 이 개념들이 인과성 개념 자체에는 어떠한 영향도 미치지 않는다.

옮긴이 후기

　'원인과 결과'는 이를 명확하게 의식하든 그렇지 않든 일상적인 행위 또는 행위에 대한 이해의 배후에 자리 잡고 있는 평범하고 보편적인 사유의 형식이다. 하지만 이론사적 관점에서 '인과관계'는 원래 인간이 세계를 이해하는 한 가지 방식이었고, 인과관계를 '주재'하는 신비한 힘의 작용을 엿볼 수 있는 능력을 인간이 다른 존재와 구별되는 한 가지 특성으로 파악하는 시대도 있었다. 이러한 인과관계의 위치를 인간의 행위가 외부세계에 미치는 작용으로 전환한 것은 대략 13세기쯤이었고, 근대 자연과학이 아리스토텔레스의 목적론적 사고의 잔재를 완전히 제거한 이후에는 인간이 지향하는 목적을 달성하기 위한 전제조건으로서의 인과성을 훨씬 더 중요하게 여기게 되었다. 즉 '원인/결과'의 도식에서 미래에 도달할 결과를 위해 어떠한 원인을 형성할 수 있거나 형성해야 하는지가 인과관계 이론의 중심으로 떠오른 셈이다. 이에 반해 발생한 결과로부터 원인으로 소급하는 것을 숙명으로 받아들이지 않을 수 없는 규범적 판단의 영역에서는 여전히 '주어져 있는' 결과로부터 '주어져 있는' 원인을 탐색하고 탐색된 원인을 결과에 귀속시키는

'원시적' 사고를 이어가게 된다. 물론 그 사이 인과관계를 둘러싸고 이루어진 모든 이론적 성과를 이러한 숙명과 조율하고, '귀속'의 색채를 최대한 엷게 만들어 규범적 판단의 대상영역 자체에 존재하는 인과성을 포착하기 위해 섬세한 감각을 발전시켜 왔다. 크리스티안 볼프(Christian Wolff)와 칸트의 절대적 영향 아래 시작되었고 19세 후반에 하나의 체계를 구성한 독일 형법학은 이 섬세한 감각을 극단적으로 발전시켜 인과관계를 형법 구성요건의 한 요소로 정착시켰다.

그리하여 칼 엥기쉬가 이 책을 출간한 1931년 당시에 인과관계가 형법 구성요건의 한 가지 요소라는 점에 대해 의문을 제기하는 사람은 없었고, 이 점은 현재 우리의 형법학에서도 마찬가지이다. 하지만 형법 도그마틱의 발전사에 비추어 볼 때 엥기쉬의 이 저작은 '조건설'이라는 자연과학적 — 또는 자연과학적인 것으로 오해되는 — 인과관계 이론을 비판하면서 이른바 '합법칙적' 조건설의 토대를 기획한 혁신적 의미를 담고 있다. 무엇보다 일반 철학에서 이루어진 인과관계 이론의 발전에 대해 무지했거나 이를 무시했던 당시의 형법학에 대한 반성 — 이는 특히 엥기쉬의 철학 스승인 에른스트 폰 아스터(Ernst von Aster)에 힘입은 것이다 — 을 통해 엥기쉬는 한편으로는 형법적 인과관계의 독자성을 유지하면서, 다른 한편으로는 일반 철학과의 연결가능성을 확보하는 성과를 보여 주고 있다. 더욱이 그는 단순히 철학적 이론을 형법학에 대입하는 방식을 구사한 것이 아니라, 형법학의 언어를 일관되게 고수하면서 동시에 형법학으로 하여금 새로운 언어를 말할 수 있게 만드는 놀라운 표현기술을 보여 주고 있다. 오늘날의 정보이론적 용어를 빌리자면 '반복과 변이(Redundancy and Variety)'의 전형인 셈이다.

물론 엥기쉬의 이 책을 형법적 인과관계 이론의 고전으로 꼽는 이유가 여기에 그치는 것은 아니다. 상당인과관계 이론이 하나의 '귀속'이론이라는 점을 분명히 밝힌 것은 조건설의 극복보다 더 중요한 의미를 갖고 있다. 즉 엥기쉬는 특히 구성요건행위가 '허용되지' 않은 위험을 창출해야 하고, 바로 이 위험이 결과로 이르러 가는 인과적 과정을 거쳐 결과로까지 '실현'되어야 한다는 것이 바로 상당성 개념의 핵심이라는 점을 명쾌하게 밝히고 있다. 이 점에서 상당인과관계 이론은 오늘날의 객관적 귀속이론과 기본적 착상의 측면에서 매우 유사하다고 볼 수 있다. 물론 상품의 속도구조라고 해도 무방할 정도로 '새 술과 새 포대'에 대한 집착이 강한 20세기 학문의 경향은 (형)법학에서도 마찬가지여서 오늘날 독일 형법학과 실무에서 상당인과관계 이론은 그저 이론사적 박물관에 전시되어 있다고 해도 무방할 정도이다. 그렇지만 이 이론과 기능적 등가성을 갖고 있는 객관적 귀속이론 역시 상당인과관계 이론에서 말하는 위험의 실현이라는 관점에 비추어 사례유형별로 세분화된 구체적 귀속기준들을 제시하고 있다는 점에서는 양자 사이에 본질적 차이가 없다. 그 사이 이러한 기준들의 구체적 내용은 훨씬 더 섬세한 세분화를 거쳐 치밀한 도그마틱으로 구성되어 있다.

이에 반해 우리나라에서는 여전히 많은 학자들이 상당인과관계 이론을 주장하고, 대법원도 이 관점을 따르고 있다. 하지만 상당인과관계 이론의 판단기준을 '유형비교'의 방법을 통해 구체화할 수 있다는, 이론과 실무의 약속은 아직까지 지켜지지 않고 있다. 상당성 판단은 단지 '일반인의 생활경험'이라는 막연한 논점에 머물러 있고, 이는 도그마틱적 구성을 통한 예측가능성과 안정성의 확보라는, 법 및 법학의 과제에 정면으로 위배된다. 이 책에서 엥기쉬는 "모든 것은 존재하거나 발생할 수 있다는 내용의 일반적 경험법칙은 수없이 많다"고 지적하면서 상당성 판단이 자의적이지 않도록 주의해야 한다고 반복해서 경고한다. 이러한 자의성을 차단하기 위해서는 무엇보다 상당인과관계 이론을 토대로 사안을 평가하는 사람 자신이 어느 정도 납득할 수 있는 세부적 기준을 제시해야하고, 그래야만 상당성 판단이 사후적인 객관적 통제 가능성의 범위 내에 있게 되며, 또한 그래야만 상당성 판단이 황당한 판단으로 전락하지 않을 수 있다. 이 점에서도 '상당성' 및 상당인과관계 이론의 밝은 측면과 어두운 측면을 놀라울 정도로 섬세하게 대비시키는 엥기쉬의 이 고전은 지금 여기(hic et nunc)에 있는 우리에게도 한번쯤 다시 읽어 볼 가치를 갖는다.

도그마틱적 논의를 담고 있는 독일어 텍스트를 옮길 때 겪는 어려움은 주로 내용보다는 도그마틱 특유의 형식에 기인한다. 즉 내용을 이해하는 데에는 커다란 어려움이 없지만, 한 문장 내에서 여러 번의 수식을 '천연덕스럽게' 반복하는 법률가 독일어를 우리말로 옮겨 놓으면 원문과 번역문 사이의 괴리가 곧장 눈에 띄는 경우가 자주 있다. 옮긴이들이 이 난관을 과연 잘 극복했는지 자신할 수 없다. 일단 원문을 크게 배신하지도 않았고, 번역문의 가독성에도 신경을 썼다는 사실만으로 있을 수 있는 오류에 대한 변명으로 삼고자 한다. 이 점에서 오류 가능성을 완화시켜 준 고명수 씨(베를린 훔볼트 대학교 박사과정)에게 고마움을 전한다. 원문의 각주에 인용된 학술지 논문들은 학술지명, 연도, 페이지만을 언급하고 정작 논문제목이 빠져 있는 경우가 대부분인데, 우리는 논문제목을 일일이 확인해 오늘날의 통상의 인용방식에 따라 각주를 표시했다. 이 작업에서도 고명수 씨는 커다란 도움을 주었다.

　1931년에 출간된 외할아버지의 책이 한국어로 번역된다는 사실에 의아함을 가졌을 저작권자 Irmgard Behler는 고맙게도 한국어판 출간에 흔쾌히 동의해 주었다. 엥기쉬의 큰따님 Irmgard Engisch 박사 그리고 엥기쉬의 후손들과의 인연의 끈을 맺어 준 Susanna Leins 모두 이제는 돌아오지 못할 곳으로 떠났다. 두 분에 대한 추모의 뜻은 이 책 어느 한 구석에 희미하게나마 자리 잡고 있을 것이다. 끝으로 이런 법학 '이론서'의 출간을 부탁하는 뻔뻔함을 너그럽게 눈감아 주신 세창출판사 임길남 상무님께 감사드린다.

2019년 5월

윤재왕/임철희

칼 엥기쉬(Karl Engisch)

1899년 독일 기센에서 변호사의 아들로 태어나 1918년부터 기센대학교와 뮌헨대학교에서 법학을 공부했다. 1924년에 기센대학교에서 「명령설(Imperativentheorie)」에 관한 논문으로 박사학위를 취득하고, 1929년에는 「형법에서 고의와 과실에 관한 연구」로 교수자격을 취득했다. 1934년에 라드브루흐의 후임으로 하이델베르크대학교의 형법, 형사소송법, 법철학 담당 교수가 된 후, 1953년에는 뮌헨대학교로 자리를 옮겨 그곳에서 1967년 정년을 맞이했다. 1990년 알차이(Alzey)에서 세상을 떠났다. 법철학과 형법이론에 관련된 수많은 저작을 남겼고, 그 가운데 법학적 사고에 관한 입문서인 「Einführung in das juristische Denken」[한국어판: 법학방법론(안법영/윤재왕 옮김), 세창출판사 2011]은 2018년에 제12판이 출간될 정도로 이 분야의 고전으로 인정되고 있다.

윤재왕

고려대학교 법학전문대학원 교수. 법학박사(Dr. iur.).

임철희

고려대학교 강사. 법학박사(Dr. iur.).

인과관계 — 형법 구성요건의 한 요소

-

초판 인쇄 2019년 6월 12일
초판 발행 2019년 6월 22일

-

지은이 칼 엥기쉬
옮긴이 윤재왕 · 임철희
펴낸이 이방원

-

펴낸곳 세창출판사
　　　신고번호 제300-1990-63호
　　　주소 03735 서울시 서대문구 경기대로 88 냉천빌딩 4층
　　　전화 02-723-8660 팩스 02-720-4579
　　　이메일 edit@sechangpub.co.kr 홈페이지 www.sechangpub.co.kr

-

ISBN 978-89-8411-829-4 93360

이 도서의 국립중앙도서관 출판시도서목록(CIP)은 서지정보유통지원시스템 홈페이지(https://seoji.nl.go.kr)와 국가자료공동목록시스템(https://www.nl.go.kr)에서 이용하실 수 있습니다.
(CIP제어번호: CIP2019022722)